守护学生心理防线

——高校心理委员工作原理及实务

王明粤　主　编

任增辉　余少绒　蒙若珺　副主编

Wuhan University Press

武汉大学出版社

图书在版编目(CIP)数据

守护学生心理防线：高校心理委员工作原理及实务/王明粤主编. —武汉：
武汉大学出版社，2020.8（2022.5重印）
　ISBN 978-7-307-21752-2

　Ⅰ.守…　Ⅱ.王…　Ⅲ.大学生－心理健康－健康教育－教育工作－研究
Ⅳ.G444

　中国版本图书馆CIP数据核字(2020)第161973号

责任编辑：黄朝昉　　　　　责任校对：孟令玲　　　　版式设计：谢　丰

出版发行：**武汉大学出版社**　　（430072　武昌　珞珈山）
　　　　　（电子邮箱：cbs22@whu.edu.cn　网址：www.wdp.com.cn）
印刷：北京一鑫印务有限责任公司
开本：710×1000　1/16　　　印张：13.25　　　字数：200千字
版次：2020年8月第1版　　2022年5月第2次印刷
ISBN 978-7-307-21752-2　　定价：48.00元

前　言

2018 年，教育部党组印发《高等学校学生心理健康教育指导纲要》，提出要培育学生自尊自信、理性平和、积极向上的健康心态，促进学生心理健康素质与思想道德素质、科学文化素质协调发展。在培养学生良好心态、维护学生心理健康的工作体系中，心理委员是至关重要的一个环节，充当着学校和班级之间的桥梁，是推广自助教育和互助教育的有效途径，是预防问题、发现问题、识别问题和干预问题的前沿哨兵。

维护学生心理健康，有三道防线：自助、互助和他助。自助指个体进行自我心理调节化解问题，互助指朋辈之间相互陪伴和支持，他助指专业人员的介入。心理委员在这三道防线中都大有可为，作用举足轻重。本书围绕心理委员在这三道防线中的工作，介绍了基于积极心理学的自我调节知识和技巧（自助）；互助的意义、模式、朋辈咨询技术、班级心理健康活动的技术和形式（互助）；识别、关注和协助转介需要专业心理咨询的心理问题、心理障碍、心理危机学生（他助）。学习和掌握了这些必要的知识和技能，心理委员才能在岗位上游刃有余，使工作的效果最大化。

本书的四位编写人员都是从事高校心理健康教育与咨询工作的专职教师，我们根据多年的心理委员培训经验和实际工作开展情况编写此书，是对心理委员培养模式的总结，也是对未来工作的展望。本书兼顾理论和实操，尽量用案例对理论知识和实践过程进行深入浅出的讲解，符合高校心理委员的阅读水平和知识要求。

本书除了基本知识的介绍，还加入了由真实案例改编的案例分析、哲理故事、名人名言、心理测试、咨询案例及活动方案等内容。为了帮助学生更好地理解和巩固课堂知识，每章都安排了复习与思考、拓展练习、推荐图书和电影及课堂（后）活动等小栏目，力求保证本书的知识性、可读性和实效性。本书可供高校心理委员阅读，也可供心理健康教育老师使用。

本书共八章，编写分工如下：第一章，积极心理素质的培养（余少绒）；第二章，积极的自我调节方式（余少绒）；第三章，互助的意义与模式（蒙若珺）；第四章，心理委员需要掌握的朋辈心理咨询知识（王明粤）；第五章，心理委员如何组织和开展班级心理健康教育活动（王明粤）；第六章，心理委员如何普及心理咨询知识（王明粤）；第七章，心理委员如何识别及转介心理障碍学生（任增辉）；第八章，心理委员如何协助预防及干预心理危机（任增辉）。全书由王明粤统稿。

本书得以顺利出版，首先要感谢学校领导及同事的支持，特别是参与编写的三位同事，大家在百忙之中同心协力，才使得书稿顺利完成；其次，本书在编写过程中参考了国内外大量的图书和文献，应用了有关研究成果，在此谨向这些文献资料的作者致以衷心的感谢。由于编者水平有限，书中难免有疏漏和不足之处，敬请广大专家学者和读者批评指正，以便日后不断修订完善。

王明粤

2020 年 7 月 31 日

CONTENTS
目 录

第一篇 自助篇

第二篇 互助篇

第三篇　他助篇

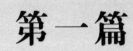

第一篇

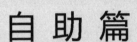

自助篇

本篇导读

　　守护个人心理健康，第一道防线就是个人的自助。每个人都需要掌握自我心理调节的知识和技能，在自己遇到心理困惑或者难题时可以尽早觉察，以及积极运用科学、有效的方法帮助自己化解问题，乃至获得个人成长与发展。作为一名心理委员，了解自助的心理健康知识，不仅可以维护自己的心理健康，还可以在工作当中宣传和普及心理健康知识，帮助班级同学培养积极心态。

　　"自助"这一篇包含两章内容，心理委员可以在这一篇了解到心理健康的基本知识、培养积极心理素质的理论及方法。

第一章

积极心理素质的培养

 本章导读

　　掌握心理健康知识，帮助自己和身边同学了解培养自身积极心理素质的理论和方法，是一名心理委员的基本职责。积极心理学在增强大学生的心理自助意识、提高大学生的心理自助能力、促进其心理成长与发展有着非常重要的作用。

　　在这一章，我们将从理论方面为同学们提供自助的条件与资源。首先我们需要了解心理健康的意义及其标准，在心理健康知识的基础上进一步学习什么是积极心理学、如何培养积极心理素质。心理知识的根基打扎实之后，作为心理委员的我们才可以在自助的同时向身边同学普及自助知识。

第一节　心理健康的意义

 案例分析

　　小婷是一名大一的新生，刚步入大学，离开温暖的家，来到陌生的城市。离开了细心呵护自己的父母，没有无话不说的好友的陪伴，小婷一时间无法适应，与室友相处得一般。小婷为此陷入了深深的难过中，日渐消沉，但她并没有改变的动力。班级心理委员小路察觉到小婷的情况，却不知道如何着手帮助小婷。

分析：

步入大学之后，随着各方面的变化，大学生会面临适应、人际关系、学习等多方面的问题。案例中的小婷面临入学适应问题，若不能及时进行调整将会影响其心理健康。心理健康对于每个人而言都是非常重要的，只有具备健康的心理才能更好地学习与生活。心理委员要更好地帮助出现问题的同学，首先自己要具备相关知识，才能更好地判断问题以及解决问题。在这个案例中，小路首先要帮助小婷意识到自己的问题，让其了解适应困难是大学生常见的心理问题，帮助其明白恢复心理健康的重要性以及尽快进行自我调整。目前大学生的心理状况如何？怎样才是心理健康的状态？为何积极心理学可以帮助我们培养良好心理素质？让我们一起来了解一下吧！

一、大学生心理健康的状况

随着经济社会的迅速发展，科学技术日新月异，产业更迭速度加快，社会对人才的标准及要求不断提高，大学生群体是一个看似很轻松，实际上却承受很大压力的团体，当前大学生的心理健康已经成为一个不容忽视的问题。当代大学生面临着比以往任何时代都更加激烈的竞争及更大的压力，学习成绩、独立生活能力、人际交往关系、就业的压力引发了大学生一系列心理健康问题。因心理问题休学、退学的大学生不断增多，大学生由于心理健康状况出现焦虑，导致人际关系紧张，自杀、凶杀等一系列恶性事件引发社会关注。高校在帮助大学生远离心理困惑，解决心理问题上责无旁贷。

近年来，心理健康问题成了新时代大学生所面临的主要问题之一，也是大学生需要引起重视的重要问题之一。但在现如今的中国，依然有很多人对心理健康问题不了解，心理健康知识水平低，甚至对心理健康有着较深的误解，因此在心理健康的道路上，我们还有很长的路要走。好在政府已经投入大量的资源加强学生心理健康教育，例如1994年颁布的《中共中央关于进一步加强和改进学校德育工作的若干意见》提出"心理健康教育"的概念，这是第一次以政策性文件提出相关概念。其后，大量涉及大中小学生心理健康教育的文件出台，如

2010 年印发的《国家中长期教育改革和发展规划纲要（2010—2020年）》明确提出"加强心理健康教育，促进学生身心健康、体魄强健、意志坚强；《全国精神卫生工作规划（2015—2020 年）》也有涉及心理健康方面的内容；2016 年底，国家卫计委等 22 个部门共同印发《关于加强心理健康服务的指导意见》提出到 2020 年、2030 年心理健康服务的发展目标。因此，高校应针对近年来大学生的心理特点和需求，针对性地展开研究工作、积极探索新的工作思路，为大学生的身心健康和全面发展保驾护航。

二、大学生心理健康的意义

1. 心理健康可以促进大学生全面发展健康的心理品质

促进大学生全面发展健康的心理品质是大学生全面发展的基本要求，也是帮助大学生将来走向社会，在工作岗位上能够发挥智力水平、积极从事社会活动和不断向更高层次发展的重要条件。德智体美劳等方面的全面和谐发展是以健康的心理品质作为基础的，一个人的心理健康状态直接影响和制约着全面发展的实现。

2. 心理健康有利于培养大学生健全的人格

提高学生的心理素质，增强适应社会生活的能力，帮助学生解决成长中的困惑，优化每一个人格是高校心理健康教育的目标。进入大学之后，每一个学生会遇到适应、交友、学习、恋爱、择业等诸多课题，这些发展都离不开健康的心理。心理健康为每一个大学生维持有效的活动、掌握文化知识、全面发展提供保证，从而培养大学生健全的人格。

3. 心理健康有利于大学生培养健康的个性心理

大学生的个性心理特征，是指他们在心理上和行为上经常、稳定地表现出来的各种特征，通常表现为气质和性格两个主要方面。气质主要是指情绪反映的特征，性格除了气质所包含的特征外，还包括意志反映的特征。当代大学生的心理特征普遍表现为思想活跃、善于独立思考、参与意识较强、朝气蓬勃的精神状态等等，这些心理特征非常有利于大学生的健康成长。

4．心理健康有利于提升大学生的心理承受力

随着社会、经济、文化的发展，市场经济带来了社会环境的变化，机遇与挑战并存，变化的环境会造成一些人的心理失衡，出现各种心理困惑，甚至是心理障碍。从社会整体水平上看，心理疾病的发生率在不断升高。但是，社会的发展需要有良好的心理素质，能够承受挫折与失败的人。我国传统的教育方式是重灌输轻启发，结果使部分学生缺乏独立人格与思考应变能力。但是在变化的社会环境中，只有心理健康的大学生才能够更好地适应，同时不断提升其心理承受力。

5．心理健康可以增强大学生的独立性

大学生告别了中学时代，进入了一个全新的生活天地。大学生必须从靠父母转向靠自己。上大学前，大部分学生想象中的大学犹如人间"天堂"，美妙无比。但是上大学后，陌生的环境，文化的差异，学习的压力，严格的纪律，使他们难以适应。只有心理健康的大学生才能够积极主动适应大学生活，增强独立性，度过充实而有意义的大学生活。

第二节　大学生心理健康的标准

一、心理健康的定义

1946 年，世界心理卫生大会指出："心理健康是指在身体、智能以及情绪上能保持同他人的心理不相矛盾，并将个人心境发展成为最佳的状态。"

1989 年，世界卫生组织（WHO）把健康定义为：躯体健康、心理健康、社会适应良好和道德健康四个方面。

我国学者王书荃认为，心理健康是指人的一种较稳定持久的心理机能状态。主要表现为个体在与社会环境相互作用时，自己的心态能否保持平衡，情绪、需要、认知能否保持一种稳定状态，并表现出一个真实自我的相对稳定的人格特征。

关于心理健康的定义，国内外学者从不同的角度或理论背景进行了讨论，目前尚未形成统一的、公认的定义。但都比较倾向地认为，心理健康是指生活在一定的社会环境中的个体，在高级神经功能正常的情况下，智力正常、情绪稳定、行为适度，具有协调关系和适应环境的能力及特征。

二、心理健康的标准

目前国内外对心理健康的标准众说纷纭，至今仍然没有一个相对公认的标准。下面列举几个有代表性和影响力的学者观点。

1. 国外学者提出的观点

1946 年，世界心理卫生大会提出心理健康的四条标准：

（1）身体、智力、情绪十分调和；

（2）适应环境，在人际关系中彼此谦让；

（3）有幸福感；

（4）在职业工作中，能充分发挥自己的能力，过着有效率的生活。

美国心理学家马斯洛与米特尔曼提出的心理健康标准：

（1）有充足的自我安全感；

（2）能充分地了解自己，并能对自己的能力作出适度的评价；

（3）生活理想切合实际；

（4）不脱离周围现实环境；

（5）能保持人格的完整与和谐；

（6）善于从经验中学习；

（7）能保持良好的人际关系；

（8）能适度地发泄情绪和控制情绪；

（9）在符合集体要求的前提下，能有限度地发挥个性；

（10）在不违背社会规范的前提下，能恰当地满足个人的基本要求。

2. 国内学者关于心理健康的标准

郑日昌认为心理健康主要包括：

（1）正视现实；

（2）了解自己；

（3）善与人处；

（4）情绪乐观；

（5）自尊自制。

樊富珉从心理健康标准的统一性出发，认为个体心理健康的"共同"标准至少应该包括：

（1）稳定、协调、积极的情绪和良好的心境；

（2）完整、统一的人格品质；

（3）良好的交往能力，和谐的人际关系；

（4）正确的自我意识和完整和谐的人格；

（5）现实的、积极的适应环境的能力；

（6）心理行为符合年龄特征。

特别需要注意的是：心理健康和心理不健康，两者并非泾渭分明的对立面，而是一个从健康到不健康的连续体。并非每个标准都符合才算心理健康，因为心理健康的人也会偶尔出现一些不健康的心理和行为。心理健康与心理不健康之间，没有绝对的界限而只是程度的差异。

三、大学生心理健康的标准

大学生虽然生理已经发育成熟，但正处于青年期，又不能完全等同于社会上的青年。根据大学生的年龄特征、心理特征和社会角色特征，大学生心理健康的基本标准可以从以下几个方面考虑。

1. 智力正常

智力是指人的注意力、记忆力、想象力、思维能力、创造力以及实践活动能力的综合，同时包括学习和理解的能力、获得与保持知识的能力、有效解决问题的能力。智力正常是大学生学习、生活与工作的基本心理条件，也是大学生适应周围环境变化所必需的心理保证，是衡量大学生心理健康的首要标准。

2. 情绪健康

情绪健康的标志是情绪稳定和心情愉快。情绪稳定是指善于控制和调节自己的情绪，在不同的时间与场合有恰如其分的情绪表达；心情愉快是指愉快情绪多于不愉快情绪。心理健康的人热爱生活、乐观开朗，能保持良好的心境。这并不代表心理健康的人就永远是积极向上的，不会有消极情绪，而是心理健康的人善于调节、调适、转化消极情绪，能够避免消极情绪对自身的伤害。

3．意志健全

意志是人在完成一种有目的的活动时，所进行的选择、决定与执行的心理过程，在行动中能够自觉地克服困难以实现预定目的的心理过程。意志健全者在行动的自觉性、果断性、顽强性和自制力等方面都表现出较高的水平。大学生有明确的行为目标，遇到困难能够积极面对，能够自控自律，能够坚持到底实现预定目标。

4．人格完整

人格是个体比较稳定的心理特征的总和，是一个人具备良好社会功能的心理学基础。人格完整就是指有健全统一的人格，包括：人格结构的各要素的完整统一；具有正确的自我意识，不产生自我同一性混乱；以积极进取的人生观作为人格的核心。一个人格不完整甚至有障碍的大学生，具有不能适应周围环境、学习功能下降、人际关系紧张等表现。

5．自我评价正确

正确的自我评价是大学生心理健康的重要标志之一。心理健康的大学生能够客观地认识自己，恰如其分地评价自己，了解自己的优点，接纳自己的缺点，能够自我悦纳，做到正视现实，积极进取。一个人了解自我，能够悦纳自我就能够进一步修正完善自我。

6．人际关系和谐

人际关系和谐是大学生心理健康的重要标志之一，是维护和增进心理健康的重要途径，是心理健康的重要保证。人际关系和谐的表现是：乐于与人交往；在交往中保持独立而完整的人格；能客观地评价别人和自己；宽以待人，乐于助人；积极的交往态度多于消极态度；交往动机端正。

7．适应能力强

个体适应能力强表现为个体与客观现实环境保持良好关系。较强的适应能力是心理健康的重要特征，不能有效处理与周围现实环境的关系是导致心理问题的重要原因。心理健康的大学生能与社会保持良好的接触，正确认识、客观看待社会现实而不偏激，以有效的办法应对环境中的各种困难，正确处理自身与社会现实之间的矛盾，做到主动调整自身行为。

8．心理行为符合大学生年龄特征

心理健康的大学生具有与年龄和角色相应的心理行为特征。若一个大学生的心理活动与行为表现经常严重偏离与其年龄相应的心理行为特征，则是心理不健康的表现。

第三节　何为积极心理学

 **哲理故事**

一名智者在弟子们出关前给他们出了一道难题，他把弟子们带到一块田地边，指着野蛮生长的杂草问弟子："你们说说看，有什么好办法可以把这些杂草清除？"

"用铲子铲掉。"弟子甲说。

"用火烧。"弟子乙说。

"把草连根拔掉。"弟子丙说。

等弟子们讲完了，智者说："你们都回去按自己的方法除一块田地上的草，一年后我们再在这里相聚，看看哪个方法更有效。"

一年后，弟子们都来了，然而他们却没有见到智者，原来他已经云游四海去了。一看原来的田地上已经长满庄稼，看不到杂草的痕迹了。弟子们明白了，原来除掉杂草最好的办法是在田地里种上庄稼。

分析：

我们的心灵就像田地，消极的情绪、行为和习惯就像杂草，而积极的情绪、行为和习惯就像庄稼，"庄稼"越多，"杂草"的生存空间就越小。这种理念与积极心理学所提倡的做法如出一辙：我们要关注人的积极品质，培养更多的积极情绪，那些消极品质和情绪的影响也会随之减少。

一、积极心理学是什么

积极心理学是心理学领域的一场革命，也是人类社会发展史中的一个新里程碑，是一门从积极角度进行心理学研究的新兴科学。它是一门科学，同时也是人类心理生存的标准。积极心理学采用科学的原则和方法来研究幸福，倡导心理学的积极取向，主张研究人类积极的品质，充分挖掘人固有的、潜在的、具有建设性的力量，关注人类的健康幸福与和谐发展，促进个人和社会的发展，使人类走向幸福。它是利用心理学比较完善和有效的实验方法与测量手段，研究人类的力量和美德等积极方面的一个心理学思潮。

近年来，大学生的心理健康状况引起了社会的高度重视，大学生只有拥有一个健康的心理状态，才能积极地面对学习以及生活。心理学中的幸福取向问题就是当今人类面临的最大挑战。2012 年，联合国将每年 3 月 20 日定为国际幸福日。2014 年 3 月 19 日，纽约联合国总部举办"幸福科学与积极教育论坛"，吸引了 200 多位来自世界各地的一线心理学、教育学及文艺界专家学者交流和探讨。我国清华大学心理学系主任彭凯平教授做了《积极教育让中国学生更幸福》的主题报告，报告中指出全球每年约 180 万人由于心理问题（抑郁症）而自杀，其数量远远超过灾难导致的死亡人数。根据心理学家们的观察发现，保持积极心理的大学生比不积极的大学生在各方面表现得更好，他们会用积极的态度去感受生活，善于发现生活中的美，享受亲情、爱情、友情之间的和谐之情。

传统的心理健康教育模式关注的焦点是心理问题，主要研究心理发展的弱点和缺陷，其目的主要是以预防和治疗为主，减少和避免大学生心理问题的产生。积极心理学与以往的悲观人性观不同，转向重视人性的积极方面。积极心理学是通过有效且比较完善的心理学实验方法以及心理手段对人们的心理进行研究的科学。将积极心理学理念渗透到大学教育的各个领域以及层面，塑造积极的大学生人格，培养其积极上进的情绪，利用积极的情绪去学习，发展其积极的心理品质，积极地投入生活体验活动中，这在提高大学生心理素质的同时，也对推进学校大学生心理健康教育具有积极的意义。积极心理学将研究视角放在积极情绪、积极人格和积极组织系统上，一经引入我国就得到了广大心理学工作者的一致认同，并加以大力推广和应用。

二、积极心理学的内容

1．积极观

一个拥有积极品质的人必定具备积极的心理，这是人类社会发展的进步，同时也是对人性的赞扬以及制约。传统心理学因过度重视已经发生的心理问题而无法满足对已经发生的心理学问题全面解决的要求，通常只能做到事后弥补，因此积极心理学倡导人们用积极的眼光和健康的理念去面对自身以及生活。

2．幸福观

幸福是一种个体主观界定的积极情绪状态，幸福指数是人类衡量幸福的重要标准。积极心理学运用积极的心理情绪，主要对于主观幸福感（包括积极情感和总体生活满意度）的感知度进行研究，以主观的幸福感为衡量心理健康的标准，因为人们对幸福感的满足是心理健康的重要体现。

3．预防意识

积极心理学在关注心理健康的负面心理之外，更加注重对人自身能力的挖掘，通过挖掘人们自身潜在能力的同时对心理问题进行研究、预防与治疗。积极的心理治疗主要通过人们自身具有的积极力量，用积极的心态以及心理行为战胜心理疾病，对心理做出新的解读，通过激发自身健康、积极的心理潜能以及品质，进而克制自身的负面心理健康问题，达到摆脱各种心理困惑的目的。

三、积极心理学的作用与意义

1．提升了大学生对心理健康的认识

传统的心理学主要帮助大家利用负面情绪去排解心理困扰，在排解的过程中忽略了积极心理情绪的培养以及运用积极的心理情绪去体

验感受生活。积极心理学向传统的消极心理学提出了挑战。积极心理学重视对大学生的人文关怀，属于一种全新角度的心理学理论，更加提倡从积极的角度思考和培养人的情绪，关注对大学生积极心理品质的培养。积极心理学理念可以提升大学生对心理健康的认识，大学生只有具备了健康积极的心理，才能用积极的心态去学习，去感受生活。大学生只有以积极的心态去适应社会，并妥善应对各种社会问题，才能实现身心和谐发展。

2. 丰富了大学生对心理健康内容的认识

国内许多学者更多地关注心理问题产生的原因，把目光停留在心理问题的描述层面，体现了消极心理模式下的研究策略。积极心理学提倡以积极的心态理解或者解读积极的心理现象，主要挖掘研究对象自身内在的潜能，培养积极乐观的情绪，改善生活状态，从而帮助自己也和谐他人。加强大学生的积极心理学意识，这对传统心理健康模式产生了巨大的冲击，从全新的视角丰富了大学生心理健康内容，引导大学生用积极的心态去学习及生活。

3. 拓宽了大学生心理健康发展的途径

随着积极心理学的发展，大学生心理健康发展不再局限于传统的心理健康模式，大学生的心理健康发展可以从积极心理的方向出发，引导学生树立积极的心理健康意识，发展积极的情感，准确合理地评估学生当前的状态。因此，积极心理学知识拓宽了大学生心理健康发展途径，使大学生心理可以更加多元化地健康发展。这有利于充分发挥其自身成长过程中积极心态的作用，帮助学生挖掘自身潜能，发展心理自愈力，通过自身潜能治愈自身心理问题，用积极、欣赏的眼光去面对生活，并且享受生活。

第四节 培养积极心理素质

一、积极心理品质

20 世纪 90 年代初，积极心理学兴起。积极心理学由主观幸福感、乐观、快乐等积极心理品质组成，这种积极心理品质近年来得到学术界愈来愈多的关注。积极心理品质是一种相对稳定正向的心理特质，其核心是良好的品德和潜能，有着缓冲器的作用，对心理疾病有一定的疗效。国内外研究者认为，积极心理品质是个体在先天的潜能和后天的环境教育等交互作用的基础上所形成的，影响甚至决定着个体未来是否会有良好的发展。随着时代的发展，大学生的各种压力随之而来，积极心理品质能为正处于"萌发创造力、稳定个性以及迎接社会角色转变"关键性阶段的大学生个体带来积极心理活动，从而满足其全面发展的需要。

二、如何培养大学生的积极心理素质

积极心理品质是个体内在的特质。个体具有积极的心理品质对人生成长具有重要的作用，它影响着个体的认知、情感、行为。大学生积极心理素养的培育可以预防心理问题的发生，使大学生在积极心理状态下生活学习，对自我有一个正确的认知，接纳自我，坦然面对问题，以积极的方法去解决问题。同时，积极心理健康素养的培养可以帮助大学生积极调控不良情绪，乐于获取积极的情绪体验，使自己的情绪与心理朝着正向发展。作为一名大学生，我们可以从哪些方面培养积极心理素养呢？作为一名心理委员，我们可以从哪些方面帮助班里的同学培养积极心理素质呢？

1. 树立希望

希望是一个人不断前行的指路明灯，如果没有了希望，就失去了生活的意义。树立希望能帮助大学生获取积极情绪体验。大学生树立希望，确定人生目标，能够帮助大学生更好地培养积极心理素质。

2. 增加自我效能感

自我效能感是积极心理素养中十分重要的一项内容。大学生需要面对的是复杂的知识体系和社交活动，这些内容都需要大学生提升自我效能感，挖掘自身优势，从而积极主动地完成某项活动。

3. 培养乐观的思维

乐观的生活状态是一种积极心理的体现，大学生学习压力比较大，部分大学生在与他人的比较中会逐渐缺乏信心，在学习和生活中遇到挫折之后出现悲观厌世的情绪。大学生应从积极心理的角度培养乐观态度，正确面对生活中的困难和挫折。

第五节 拓展训练

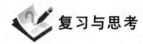 **复习与思考**

1. 你认为的心理健康是怎样的？
2. 心理健康的标准是什么？
3. 什么是积极心理学？什么是积极心理品质？
4. 如何培养积极心理素质？

 **拓展练习**

把自己和求助者的一部分对话逐字逐句打成文字，给自己的问话或回应标注上朋辈心理咨询的相关理念和技巧，并仔细观察求助者听完问话或回应的反应。看看自己的哪句问话或回应用得比较好，哪句需要做一些修正，可以如何修正。

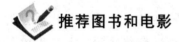 **推荐图书和电影**

1.《现在，发现你的优势》

"成就和幸福的核心在于发挥你的优势，而不是纠正你的弱点。第一步是识别你的优势，这本杰作向你提供了准确发现优势的捷径。"积极心理学创始人塞利格曼如是推荐这本书。这本书指出，很大一部分人终其一生都在为自身的弱点而奋斗，那是源于面对弱点的恐惧。这往往抑制了自身才干的发挥，要想使自己的人生辉煌，最重要的是怎样最大限度发挥自己的优势。

2.《美丽心灵》

《美丽心灵》是 20 世纪伟大数学家小约翰·福布斯－纳什的人物传记片。小约翰·福布斯－纳什（拉塞尔·克劳扮演）在念研究生时，便发表了著名的博弈理论，该理论虽只有短短 26 页，却在经济、军事等领域产生了深远的影响。但就在小约翰·福布斯－纳什蜚声国际时，他的出众直觉因为精神分裂症受到困扰，然而这并没有阻止他向学术上的最高殿堂进军的步伐，在深爱他的妻子艾丽西亚（詹妮弗·康纳利）的鼓励和帮助下，他走得虽然艰缓，却始终没有停步，而最终，凭借十几年的不懈努力和顽强意志，他走出了困境，得偿所愿。

 活动

我的优势在哪里

一、活动目的

1. 认识自身的性格以及智力方面的优势。
2. 增强个体内在力量。

二、活动时间

大约 20 分钟。

三、活动道具

"优势"卡片、A4 纸、笔。

四、活动场地

室内室外皆可。

五、活动程序

1. 学生们根据自己的实际情况，填写"我的优势卡片"。每个人都有自己的优点和长处，请学生们在"你的优势卡片"上写出三种"我认为我最大的优势"。

我的优势卡片	
我认为我最大的优势	我们认为你还有的优势
1.	1.
2.	2.
3.	3.

2. 6个人一组，每个人轮流被其他同学指出自己身上的优势，并填写在该同学的优势卡片上"我们认为你还有的优势"栏下。

3. 通过活动，你是否发现你以前没有发现的优势？当你听到你的同学指出你身上的其他优势时，你有什么感受？你觉得你的同学所说的优势符合你自己吗？

第二章

积极的自我调节方式

 本章导读

上一章我们从理论出发探讨了心理自助的重要性及其意义，那么这一章将从实践出发介绍如何进行积极的自我调节以及如何培养自助的能力与方法。心理委员掌握了这些自我调节方法后，就能够将这些调节方式介绍给更多同学，帮助同学们学会积极的自我调节。

这一章介绍了自我调节的定义，并从大学生常见的心理问题出发，介绍面对适应、情绪、人际关系等问题如何进行积极的自我调节。当自己或者身边的同学遇到心理困惑时，心理委员可以知道如何更好地帮助自己或者他人。

第一节　自我调节是什么

一、自我调节的定义

自我调节（self-regulation）是个体认知发展从不平衡到平衡状态的一种动力机制。自我调节有广义和狭义之分。广义的自我调节，指人们给自己制定行为标准，用自己能够控制的奖赏或惩罚来加强、维护或改变自己行为的过程。狭义的自我调节，实际上指自我强化，即当人们达到了自己制定的标准时，用自己能够控制的奖赏来加强和维持自己的行为的过程。

积极心理学视野下的健康心理，指的不仅仅是没有心理疾病，也包括了积极的理想和追求、独立有魅力的人格、和谐的人际关系、完善的社会功能以及充实的精神生活，等等。大学生自己对心理活动进行相关调节，是将积极心理学知识融入自我调节中，主体通过各种方式来满足自身心理需要，从而促进心理发展，合理、恰当、正确地运用积极心理学，将培养大学生积极心理品质作为重点内容，加强对大学生积极健康人格的培养。

二、积极自我调节的意义

随着积极心理学的兴起，自我心理调节研究正逐渐转向人的积极方面，尝试用人的积极力量和天赋潜能解释并重构自我心理调节的心理能量。自我调节心理健康的核心内容包括调整认识结构、调整情绪状态、锻炼意志品质、改善适应能力等。积极的自我调节有助于大学生形成有效的自我心理预防和保护机制。善于积极自我调节的个体能够进行积极的自我安慰疏导，通过积极的心理暗示进行自我激励。具有良好的自我调节能力可以有效地教育自我、完善自我、实现自我、发展自我、超越自我。积极心理学认为，每一个生命的最终发展状态在很大程度上是由自己决定的，每一个人都具有强大的自我完善的内在力量。大学生充分挖掘自身蕴藏的生命发展动因，发掘并专注于个体自身力量，以积极的态度进行自我调节，是战胜困境、预防疾病的根本所在。积极心理学视角下的自我心理调适在自我调节中有着重要的作用，不仅是基于心理问题的自我调适，更是促进个体健康和谐发展的有利保证。

1. 有利于促进大学生社会关系的和谐发展

积极心理学视角下的自我心理调适从塑造和培养积极人格方面提升大学生自我心理调适的能力和素养。积极人格培养首先是和谐人格的培养。和谐人格的建构本身是一个社会系统工程，和谐人格的突出表现是能够和谐生活。积极心理学视角下的积极人格特质也是和谐人格的特质，包括乐观、爱、希望、勇气、创造性、智慧、能力及人际交往技巧等。这些特质有助于大学生通过心理调节促使自我与自我、自我与他人、自我与社会、自我与自然的社会关系的和谐相处与发展。

2．有利于合理归因，养成乐观解释的习惯

大学生积极心理品质的培养及潜能激发，是增强抗挫能力、提高大学生自我心理调适水平的重要途径。学生建立积极的认知图式，学会合理归因，养成乐观解释的习惯。在面对心理压力、心理冲突及情绪困扰时，能够转变消极负面的自我认知，积极归因，促进情绪转化与问题解决。发掘自身优势和特长，善于总结成功经验，开展成功想象，积极自我暗示，提高认知能力。

3．有利于积极情绪体验，形成乐观的情感态度

积极情绪促使个体产生创造性的、更宽容的思考，提供了建设个人可持续的资源的机会，为个人的成长和发展提供潜能。幸福和欢乐情绪会促进个体积极参与社交活动，从而强化社会支持系统，有助于成功解决问题并引发个体的改变和发展。培养良好心境，形成合理的需求与期望。积极看待过去、现在与未来，形成乐观的情感态度。

4．有利于建构积极的自我认知机制，积极悦纳自我

积极的心理认知机制促使大学生既能充分认识自己的优点与长处，又能客观认识自己的缺点与不足。在自我成长和发展的过程中，既要自尊自信、追求卓越，又不能过分追求完美；要接受现实，客观评价自我，积极悦纳自我，充分发展自我。同时，正确地认识与评价他人，以尊重理解、包容共存、竞争共赢的态度对待他人，以积极愉悦的心态有效解决问题。积极的心理认知机制还会促进大学生理性积极的解释环境，提高生活满意度。

第二节　积极应对适应与发展

 **案例分析**

小赵是大一年级学生，不大主动与人交往，性格敏感、内向。进

入大学之后，参加班委竞选和社团面试都没有被录取，小赵开始自我否定，感觉自己说话缺乏魅力，没有特长，不知道该怎么办。进入大学，学习的方式有所改变，再加上来自各地的同学汇聚成一个崭新而陌生的生活群体，同学之间的生活习俗、经济文化背景、性格、爱好等各不相同。小赵因为陌生的环境以及学习压力觉得自己适应不了大学生活，因为想念家人经常独自哭泣。最后，小赵想起开学初老师在新生适应讲座上面讲的一些内容，便开始尝试进行自我调适，同时也积极与班级心理委员沟通交流。

分析：

进入大学之后，每一名大学生面临的最初课题就是适应的问题，主要包括学习、人际关系、生活等方面的适应，如果没办法很好地适应，将会影响大学生的心理健康。案例中的小赵能及时地进行自我调适、寻求帮助，对于适应以及融入大学是非常重要的。

一、大学生的适应问题

进入大学之后，大学生面临的第一个问题就是适应问题。了解了大学生有哪些适应问题才能更好地帮助大学生更积极地进行自我调适，以便适应大学生活。

1. 生活方面的心理适应问题

进入大学以后，大学生首先面临的是生活环境的不同。比如在气候、语言、饮食、住宿等方面因不习惯就很容易产生适应上的问题。高中时期学生的主要任务是学习，其他生活琐事大多由父母安排，现如今没有父母的帮助与照顾，没有熟悉的朋友在身旁，很多事情需要自己独自面对，部分学生在无人监管的情况下养成了自由懒散、上网成瘾等不良习惯，有的由于缺乏生活阅历和经验，心理表现不成熟，遇到困难就表现出脆弱心态。再加上学生抗压、抗挫折能力较差，无法很好地摆正心态、应对困难，就容易产生适应不良等问题。

2. 人际交往方面的心理适应问题

在大学，善于与人沟通，乐于与人交往才能够更好地过好大学生活。大学环境相对复杂，学生人际交往范围扩大，受文化背景、生活习惯、价值观念等因素的影响，很多新生对高校全新的人际关系不适应。如今进入大学的基本是"00后"，他们生活在网络时代，一部分人对网络比较依赖，对现实中的人际交往感到羞涩和不适应，由于不适应而逃避与人交流，甚至表现出冷漠的态度。绝大多数学生在父母和亲人的呵护和关怀下成长，是家里的"小太阳"，凡事以自己的意愿为主导，习惯以自我为中心，忽视他人感受，集体意识淡薄，团结精神缺乏，协作能力较差。有的新生为人处世以自我为中心，与室友之间不能互相体谅、互相关心，导致他们在与他人相处的过程中易出现心理适应问题。

3. 学习方面的心理适应问题

由于大学学习方式的自主性、学习内容的专业性、教学方式的多样性，新生入学后容易产生一系列心理上的不适应。有的大学生觉得考上大学学习目标就算顺利实现了，便失去了继续奋斗的方向和动力，不再以学习为重，自我懈怠；一部分同学高考失利，与理想的大学或者专业失之交臂，情绪低落；有些学生对专业缺乏了解，盲目选择后发现不喜欢所读专业或被调剂到自己不擅长、不喜欢的专业，提不起学习兴趣，厌学情绪上涨，经常逃课、旷课，临近考试时便产生强烈的焦虑情绪。另外，大学的学习方法与高中截然不同，部分学生对大学课程教学方式不适应，缺乏学习主动性和自觉性，对学习产生厌恶感，挂科后甚至产生"破罐子破摔"的矛盾心理。

二、积极应对适应与发展

针对大学生面临的生活、人际交往、学习等方面的适应问题，大学生该如何进行积极的自我调适，从而帮助自己更好、更快地适应大学生活呢？

1. 积极的自我暗示

在自我调适的过程中，我们可以采用积极自我暗示的方法。在心理学上，"皮革马利翁效应"即"罗森塔尔效应"其实就是属于积极的自我暗示的方法，是一种社会心理效应。在大学生的实际生活中，指的是教师对学生的殷切希望能戏剧性地收到预期效果的现象。当大学生进入大学之后开始产生一些不适应的时候，就可以通过语言、形象、想象等方式进行积极的心理暗示，调适不良情绪和心理状态。

2．适度的宣泄

宣泄分为运动宣泄和情绪宣泄。通过运动可以转移注意力，让紧张的心理放松，或通过倾诉得到朋友的理解及建议，开阔心胸。对大学生活及学习不适应以及与集体相处不融洽时，运用适度宣泄的方法可以缓解不良情绪。

上述案例中，小赵在进入大学产生不适应问题之后，能够及时地寻求班级心理委员的帮助，这其实就是一种宣泄的方式。这样的方式能够帮助小赵进行积极自我调整，从而缓解已经产生的不适应问题。

3．合理的归因

归因倾向对人的心理承受力影响很大。如果把失败单纯归因于自己能力不足常会让我们感到内疚及对自己产生轻视。归因于外在则会产生敌意。因此要学会合理归因，要对学习和生活的不适应及产生焦虑情绪做出客观、全面的归因。

上述案例中，小赵因参加班委竞选和社团面试都没有被录取，小赵开始自我否定，感觉自己说话缺乏魅力，没有特长。其实小赵就是因为没有合理归因，认为自己没有竞选上是因为自己没有魅力，所以才会陷入不适应中。当我们遇到一些问题的时候，如果我们能够合理归因，不要把原因归因于稳定的不可控因素，即个人能力，而是归因于不稳定的可控因素，即努力程度的时候，我们就会知道即使现在失败了，我再努力一点将来一定可以成功。

4．正确认识和勇敢面对挫折

同样一件事，有人怨天尤人，有人把它当作成长过程中很好的经历和心理体验。上述案例中，小赵因为竞选失败所以就开始否定自我，这是因为小赵没有正确看待失败。因此正确认识学习和生活中遇到的挫折，把这些经验当成一种宝贵的经验，看到自身的闪光点，转移原有的注意视角，有效管理原有的自我不良情绪与情感，同时争取创造其他价值，就能在遭遇挫折后实现一次新的自我超越。

第三节　积极情绪——打开快乐之门

 **案例分析**

　　小珊是班上的学习委员，在没进入大学之前成绩一直很好，是班上的尖子生，是老师眼中的好学生。进入大学之后，小珊也是一直积极进取，但是这学期小珊开始了难度较高的专业课学习，专业课大部分偏向于理工科，小珊很努力地想要跟上老师的学习进度，但很多时候依然听不懂，所以小珊觉得很沮丧、难过，甚至出现了不想学直接放弃的念头。小珊不知道该如何调节自己的这些负面情绪。

　　分析：

　　情绪的产生很多时候是由外在刺激引起的，是人在心理活动过程中所产生的内心体验和相应的行为反应。情绪体验有正向的也有负向的。小珊因为学习上的问题产生很沮丧以及难过的负向情绪，如果这些负面情绪没有得到及时调整，就会对小珊的心理健康有一定的影响。那么小珊该如何进行积极的自我情绪调整呢？

一、大学生的情绪问题

　　大学生的情绪问题是指因生活事件引起的悲伤、痛苦等长时间持续不能消除的状态，通常是一种消极的情绪状态。情绪问题对于大学生的影响是非常大的，一方面会降低大学生的免疫功能，导致其正常生理平衡失调，可能会引起心血管、消化、泌尿、呼吸、内分泌等系统的各种疾病；另一方面，会影响大学生大脑的神经活动功能，使情绪中枢部位的控制减弱，意识狭窄，不能正确评价自我，甚至会产生某些失去理智的行为，造成心理障碍和心理疾病。常见的大学生情绪问题主要有以下几种。

1. 焦虑情绪

　　焦虑是十分常见的现象，是一种类似担忧的反应或是自尊心受到潜在威胁时产生担忧的反应倾向，是个体主观上预料将会有某种不良后果产生的不安感，是紧张、害怕、担忧混合的情绪体验。焦虑是大学生常见的情绪状态，对大学生的影响是复杂的，既可以成为大学生成才的内驱力而起促进作用，也可以起到阻碍的作用。实验证明，中等的焦虑情绪能使学生维持适度的紧张状态，注意力高度集中，促进学习。但过度的焦虑情绪则会对大学生带来不良的影响。如有的大学生在临考前夕失眠或考试时"怯场"，在竞赛中不能发挥正常水平等，多是高度焦虑的情绪所致。被过度的焦虑情绪困扰的大学生，常常会感到内心极度紧张不安，惶恐害怕、心神不定、思维混乱、注意力不能集中，甚至记忆力下降，同时还容易产生头痛、失眠、食欲不振、胃肠不适等不良生理反应。

2. 抑郁情绪

抑郁情绪是大学生中较常见的一种心理失调现象，是大学生对自己某一方面的需求得不到满足而引起的一种持续稳定的心理状态，是感到无力应付外界压力而产生的一种消极情绪。与一般的悲伤情绪不同，抑郁情绪比单一的消极情绪更为强烈、持续、痛苦。一般来说，性格内向、孤僻、敏感多疑、依赖性强、不爱交际，生活遭遇挫折，长期努力得不到报偿的大学生更容易产生抑郁情绪。但并不代表有抑郁情绪就是抑郁症，抑郁情绪是一种情绪状态，抑郁症是一种常见的精神疾病。

3. 愤怒情绪

愤怒是一种短暂的情绪状态，大学生处于精力充沛、血气方刚的青年时期，在情绪情感发展上往往容易产生好激动、易动怒的特点。遇事缺乏冷静的分析与思考，图一时之快，逞一时之勇，例如自信心受挫、人格受侮辱、人身安全受威胁、对事件不满就容易产生激动、愤怒的情绪。这种情绪对大学生的影响是极其有害的，如果未能及时调整就会伤人伤己。

4. 嫉妒情绪

嫉妒在大学生中普遍存在，是自尊心强烈的一种异常表现，是指因自己的某些方面不如他人而产生的不快甚至是痛苦的情绪，是当看到他人比自己优秀，自身的学识能力、品行、荣誉甚至穿着打扮不如别人的时候产生的一种不平、痛苦、愤怒等的感觉。嫉妒是一种情绪障碍，它会妨碍人与人之间正常真诚的交往，长期处于不良的嫉妒情绪状态会产生压抑感，容易引起消极情绪，影响大学生自我发展，大大降低学习的效率，形成不良的人际关系氛围。

5.冷漠情绪

冷漠是指人对外界刺激缺乏相应的情感反应，对生活中的悲欢离合无动于衷。具体表现为凡事漠不关心、冷淡、有退让的消极情绪体验。大学生出现冷漠的情绪状态，多是压抑内心情感和情绪的一种消极逃避反应，从表面上看虽表现为平静、冷漠，但内心却往往有强烈的痛苦、孤寂和压抑感。如果大学生长时间处在这种情绪状态下，情绪积压太久无法释放，超过了一定限度时，负面情绪就会以排山倒海之势爆发出来，致使心理平衡遭到破坏，影响身心健康。

6.自卑情绪

自卑是由于某些缺陷或者其他原因引起的自我轻视的情绪体验，是由于个体对自我评价不当而产生的一类消极的心理体验，它广泛存在于大学生群体中，严重影响着他们的心理健康。社会比较是引起大学生自卑心理的重要因素，社会比较就是将自身状况与他人进行比较的过程。例如，大学生步入大学之前是高中学校的佼佼者，进入大学之后发现自己与他人相比原来有这么多的不足（学习不好，没有什么优势和特长等），这些比较容易让大学生产生自卑情绪。

二、大学生情绪问题产生的原因

大学生正处于心理状态及情绪状态不稳定的时期，且缺乏社会生活的磨炼，心理承受能力相对薄弱，因此很容易产生焦虑、抑郁、愤怒、嫉妒等情绪问题。了解情绪问题产生的原因对于情绪调节有重要的作用。大学生情绪问题产生的原因主要包括客观方面的原因与个体主观方面的原因。

（一）客观方面原因

1. 社会环境

随着社会结构、生活方式的变化，就业市场的竞争、生活节奏的加快对社会阅历浅、心理应对和承受能力弱的大学生带来了很大的压力以及冲击，这些问题冲击大学生的心理，容易引发大学生的心理与行为严重失调，产生不良情绪。当大学生无法承受这些压力和困难时，就会出现各种心理问题。

2. 学校环境

学校为了适应市场的需要，提高自身办学水平、培养优秀人才，对学生的学习、综合素质等方面的要求提高，并制定了完善的考核标准。大学生稍有松懈就会在竞争中失利，学业与升学的双重压力严重影响着大学生的情绪。

3. 家庭方面

研究表明，家庭环境对于人的个性以及发展会产生深刻的影响，父母潜移默化的影响直接关系到孩子能否健康成长。有的家长望子成龙，对子女有过高的期望或要求，孩子因为害怕不能满足家长的要求或不能为家庭增添光彩而产生焦虑情绪，有的孩子体验不到家庭的温暖，无论在学业方面还是成长方面都缺乏来自亲情的关爱和情感支持，也会产生焦虑不安、极度苦闷等消极的情绪体验和反应。

（二）主观方面原因

1. 理想与现实的冲突

进入大学之后，学生会发现大学生活与以前的中学校园生活有很大的区别。大学校园是群英荟萃、人才济济的地方，比自己优秀的人有很多，这常常会使一部分学生感到失落，变得不知所措而逐渐产生自卑感。如果不能正确认识自我，不愿正视现实，一味沉溺于过去，遇到困难和挫折时就很容易产生自卑的情绪。因此，每个大学生都需要重新认识自我，摆正位置，寻找新的起点。

2. 认知上的偏差

处于青年时期的大学生，对自己的前途和未来怀有美好的向往，成就动机很强,自我期望值很高。一旦遇到困难和挫折,就很容易萎靡不振,情绪低落,甚至产生糟糕至极、绝对化等认知偏差。比如大学生经过一个阶段的努力结果却不尽如人意,仍然不能实现自己的愿望,就会感到理想破灭。

3. 情感需求得不到满足

一些大学生对人际交往的期望值过高,一旦期望值难以达到,就容易对人际交往采取消极冷漠的态度。有的同学不善言谈,担心自己缺少社交风度和气质;有的同学因生性内向,过于腼腆,当出现心理困扰,又苦于无人倾诉排解时,如果得不到及时的帮助与治疗,就可能引发精神上的疾病。在心理上与人群格格不入,就会不可避免地陷入紧张、焦虑情绪之中。

4. 依赖性与自主性的矛盾

在大学期间,大学生一方面希望独立自主,凡事想依靠自己的力量,处处想显示个人的主张。但另一方面,由于他们的心理成熟落后于生理成熟,认识能力落后于活动能力,在经济上、行为上尚不能完全独立,需要依赖父母。这种依赖性和自主性的矛盾容易导致部分学生对大学生活产生严重不适,处于悲伤、抑郁状态。

5. 负性事件的影响

大学期间的负性事件也会对大学生的情绪产生重大影响,如果不及时调整,就容易引发情绪问题。例如与大学生学业有关的负性事件如考试失利、考研失利等;与大学生自我发展有关的荣誉的负性事件,如入党、评优等;情感方面的负性事件如失恋、好友失和等;重要他人的丧失如亲人去世、家庭发生重大变故等,都会对大学生的情绪构成影响。

三、培养积极情绪

1. 借助神经递质培养积极情绪

人生就像一盒豆腐,好不好吃,看加什么酱料。我们对于各种情绪的感受,来自不同的神经递质在脑细胞之间的运作。这些神经递质就好比是大脑的"调味料",多一点少一点都会影响我们的情绪体验。最有名的好感神经递质就是血清素(serotonin)。它能够和缓情绪,降低焦虑感。我们吃饱的时候,大脑会分泌血清素,带给我们飘忽和缓的满足感。内啡肽(endorphin)能降低疼痛,带给我们好感,效果类似吗啡,不过它是纯天然无副作用的。去甲肾上腺素(norepinephrine)给我们带来刺激、亢奋的感受,它也好比辣椒酱,少量可以提味,但用多了会太刺激。当脑神经之间有太多去甲肾上腺素时,也会造成焦虑感。我们更不能忽略多巴胺(dopamine),它就好比一杯巧克力摩卡,让我们既亢奋又有快感,充满生命活力。

下面这些方法可以帮助我们借助神经递质培养积极情绪。

(1)运动:适量的运动,能够让身体产生各种良好的神经递质。只需20分钟的有氧运动,就足以造成大脑内分泌改变。

(2)改变身体的姿势:开始改变姿势时,短短的2分钟内,血液中的睾固酮含量就会上升,给你更多控制感和力量。打呵欠也很奇妙地会让皮质醇下降,减轻压力。

(3)听音乐:听音乐是改善心情最快速的方法,能降低血压、增进记忆,还可以降低皮质醇含量。

(4)晒太阳:日照除了能使身体制造维生素D,也会让血清素含量提升。

2. 培养主观幸福感

主观幸福感是一种主观、整体的概念,是对一段时间的情感反应和生活满意度的评估。一个人的主观幸福感比较高的话,那么他更容易获得积极的情绪,对生活满意度也会比较高,所以对于大学生而言,学会培养主观幸福感也是培养积极情绪的一种重要方式。例如:具有良好的社会支持系统(朋友、恋人、亲人等),有丰富多彩的课余活动,长期而有规律地坚持做某一件事,这些都是增强主观幸福感的方式。

3. 保持专注

美国著名心理学家米哈里·契克森米哈赖进行过一项研究,结果表明:成功人士在从事自己喜欢的工作的时候,完全投注在这个工作上，从而达到忘我的境界，这种全神贯注所产生的极乐的心理体验，米哈里称之为心流，并认为这是一种最佳的情绪体验。当人们进入"心流状态"时会产生"心流体验"，这种心流体验就是一种积极情绪，人们会完全被自己所做的事深深吸引，自身的情绪完全融入其中。

4. 培养乐观与希望

积极心理学研究积极的情绪体验，乐观与希望就是来自积极心理学主要研究的积极情感体验。乐观和希望虽然是针对将来的积极情绪体验，但如果能够满意地体会过去，快乐地感受现在和满怀希望地面对未来，也是培养积极情绪的理想状态。例如在当下的生活中，大学生遇到挫折的时候如果能够合理归因，进行归因方式训练，采取乐观的方式或态度也能够帮助大学生培养积极情绪。

第四节　积极关系——建立和谐人际关系

 **案例分析**

小林是一个性格十分内向、孤僻的女生，很少与人交往。进入大学一年来，小林与班上以及宿舍同学之间的关系不是很融洽，基本上不与班上同学来往，很少参加集体活动。因此小林在大学里面基本没有朋友，她常常感觉到孤独与自卑，心情不好的时候身边连个可以说话的人都没有，小林不知道该怎么办。

分析：

人际交往是大学生学习与生活过程中必不可少的一门课题。小林不与班上同学来往，很少参与集体活动，小林也因此失去了很多与同学相处了解的机会。那么小林可以通过什么方式来提升自己的人际交往能力，解开人际交往的困扰呢？

一、大学生人际交往困扰

1. 不敢交往

在人际交往的过程中，有的大学生会因为性格内向，在与人交往的过程中感到紧张、反应强烈，例如心跳加速、面红耳赤，不敢正视对方，交谈时语无伦次、词不达意。这类学生在集体活动或者人多的场合中会感到更加恐惧，不敢表现自己，不敢与人打交道。案例中小林同学出现人际交往的困扰，其实也是因为性格内向孤僻所导致。

2. 不愿交往

大学生中有部分学生因为与人成功交往的经历少、成长环境带来的冷漠、性格内向，他们对人际交往缺乏兴趣以及意愿，认为做一个"孤独侠"也是很好的生活方式，他们自我封闭，但又内心敏感、心理承受能力差、独来独往、不愿与人交往、不愿抛头露面。上述案例中，我们可以看到小林同学不愿意与班上同学交往，不愿意参与集体活动，导致小林同学出现了人际交往困扰。

3. 不善交往

在大学中，有的大学生由于认知偏差，不注意交往中的"第一印象"，不注意沟通方式，不注意交往的原则，开玩笑不注意场合，也不懂得尊重对方，甚至在交往过程中不懂装懂、夸夸其谈，这些都不利于同学之间的进一步交往。由于交往方式欠佳、交往能力有限，欠缺交往的一些知识与技巧，在交往过程中不了解自己也不了解别人，导致交往失败。

二、积极建立人际关系的方法

1. 掌握交往之道

掌握交往之道是人际交往的首要注意点。学会用真诚、平等的态度对待自己和他人；学会宽容和理解他人；不要以个人好恶评判他人，常做自我批评和换位思考。上述案例中，小林应掌握相关的人际交往的正确方式，真诚、诚挚地与同学交往，相信小林同学能够收获属于自己的朋友。

2．学会赞美他人

美国学者布吉林教授曾经提出在人际交往中成为受欢迎的人的"三A"法则：第一个A（Accept）：接受对方；第二个A（Attention）：重视对方；第三个A（Admire）：赞美对方。赞美能够拉近人与人之间的距离，真诚的赞美会让对方产生愉悦的心情，从而更愿意跟你交往。但是不是所有的赞美都能引起对方的好感，只有真挚、亲切和可信的赞美才能拉近彼此的距离。

3．提高共情能力

共情力是能够理解别人的感受和想法，并将这种理解和体会反馈给对方的能力。研究发现，积极共情能力高的人，他们的人际关系质量更高，他们的幸福感更好，对生活的满意度更高，会有更多的积极情绪。因为在人际交往过程中，提高共情能力有利于人际交往，例如倾听、关注对方的情绪、换位思考等。

4．学会化解冲突

大学生在人际交往过程中，难免会有因为文化、观念、习惯的不同而产生分歧、矛盾、冲突的时候。当我们和他人发生冲突时，无论是自己还是对方都会有气愤、内疚、伤心等情绪上的反应。面对冲突，无论是不惜一切代价取胜还是假装不在意，其实都不是最佳方法。解决冲突的方法并不难，平复情绪之后，主动抱着关心的态度，鼓励对方做出真实的回应，只有先了解对方的真实情况才能更好地解决冲突。

第五节　拓展训练

 名人名言

谁也不能像一座孤岛
在大海中独踞

每个人都是一块小小的泥土

终需连接成整个陆地

若有一块泥土被大海冲走

欧洲就会缺掉一隅

这宛如一座山岬

亦同你的朋友和自己！

——英国诗人约翰·堂恩

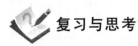 **复习与思考**

1. 积极自我调节有什么意义？
2. 如何积极地适应大学生活？
3. 培养积极情绪有什么方法？
4. 如何建立和谐的人际关系？

 **拓展练习**

将大学生活中遇到的适应、人际交往、情绪上的问题写下来，然后思考，学习完今天的课程，你会用什么方式进行积极的自我调节？进行积极的自我调节之后，写下你的感受以及收获。

 **课后活动**

幸福账本

每天晚上睡觉之前花 10 分钟时间写下今天让你觉得幸福的 3 件事，这 3 件事不一定要惊天动地，也可以是日常的小事，例如：今天我看见彩虹，让我觉得很幸福。刚开始写的时候可能会很困难，坚持一个星期后就会变得很容易。一般坚持 6 个月后，你的焦虑就会更少，你就会变得更加幸福并喜欢上这个练习。

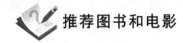 **推荐图书和电影**

1.《幸福的真意》

作者为米哈里·契克森米哈赖，著名心理学家。著有畅销书《生命的心流》《自我的进化》《创造力》等。美国心理协会前会长马丁·瑟利斯曼誉之为"积极心理学的世界级领导人物"。

作者投入了1/4世纪的时间，钻研人类深邃的喜乐经验，才写下了这本《幸福的真意》。作者凭借丰富的学养，揭开快乐的真相，使人们重获内心和谐与幸福满足。借由书中的启发，人人都可以通过内在的省思，提升日常生活经验的层次，享受超越自我、得意人生的狂喜。今天，"不快乐"的文明病日益猖獗，你是否发现许多人终生盲目追求，幸福仍像抓不住的青鸟？

人生只有一次，没有人希望自己活得浑浑噩噩。但是，若想活出生命的真意，享受神采飞扬、意气风发的生活，就必须依靠自己把握方向，不为外力所控，充分利用时间与潜能，发挥个人特质，并与宇宙万物相契合。

2.《非暴力沟通》

《非暴力沟通》的作者马歇尔·卢森堡博士由于在促进人类和谐共处方面的突破成就，在2006年获得了地球村基金会颁发的和平之桥奖。卢森堡博士早年师从心理学大师卡尔·罗杰斯，后来他发展出极具启发性和影响力的非暴力沟通的原则和方法，不仅教会了人们如何使个人生活更加和谐美好，同时解决了众多世界范围内的冲突和争端。

作为一个遵纪守法的好人，也许我们从来没有想过和"暴力"扯上关系。不过如果稍微留意一下现实生活中的谈话方式，并且用心体会各种谈话方式给我们的不同感受，我们一定会发现，有些话的确伤人！言语上的指责、嘲讽、否定、说教以及任意打断、拒不回应、随意出口的评价和结论给我们带来的情感和精神上的创伤，甚至比肉体的伤害更加令人痛苦。这些无心或有意的语言暴力容易让人与人之间变得冷漠、隔阂、敌视。

3.《社交网络》

电影《社交网络》根据本·麦兹里奇的小说《Facebook 诞生记：天才小子扎克伯格的创造神话》改编而成。

2003 年秋，恃才放旷的哈佛大学天才学生马克·扎克伯格被女友甩掉，愤怒之际，马克利用黑客手段入侵了学校的系统，盗取了校内所有女生的资料，并制作名为"Facemash"的网站供同学们对辣妹评分。他的举动引起了轰动，一度令哈佛大学的服务器几近崩溃，马克因此遭到校方的惩罚。正所谓因祸得福，马克的举动引起了温克莱沃斯兄弟的注意，他们邀请马克加入团队，共同建立一个社交网站。在没有明确拒绝他们的同时，马克和室友爱德华多·萨维林建立了自己的社交网站。他们没有意识到，这个看似小小的网站制作计划，却带来了全球性网络社交的革命。凭借他们创立的名为 Facebook 的网站，在短短 6 年时间内就聚集了 5 亿用户，马克成了历史上最年轻的亿万富翁，彻底改变了他和他身边人的生活。但是这位成功的企业家，在辉煌的事业成就和巨额的财富背后，却不得不面对与朋友的分道扬镳，以及更多让他身处利害关系的陷阱当中。

第二篇

互助篇

本篇导读

守护班级同学的心理健康，营造良好的校园氛围，第二道防线就是同学间的互助。在这一道防线中，心理委员等班级骨干起到至关重要的作用。心理委员要成为一名合格的心灵守护使者，除了要明确自己的使命和职责，还要掌握基本的一对一朋辈咨询技术以及了解开展班级心理健康活动的技术和形式，才能真正在互助的层面上帮助有需要的同学以及增加班级同学交流合作的机会和宣传普及心理健康知识。

"互助"这一篇包含三章内容，心理委员可以在这一篇了解到互助的意义与模式，掌握为同学提供陪伴和支持的一对一朋辈心理咨询技术，提高带领团体的知识和技能，丰富心理健康知识宣传的途径和形式。

第三章

互助的意义与模式

 本章导读

据统计，国外高校专职心理咨询人员与学生的比例大致为 1：400，而我国高校大致为 1：10000，所以我国高校从 20 世纪 90 年代开始逐步建立起心理健康教育四级或五级工作网络，注重发挥心理委员在心理健康教育工作网络中的积极作用，以利于能够有效开展大学生心理健康教育、及时介入心理咨询、迅速处理心理危机事件。在本章中，我们将了解到心理委员在我国高校诞生的背景，心理委员在心理健康教育工作网络中的作用，心理委员的角色定位，心理委员工作任务等内容。

第一节　高校心理健康教育工作网络建设

一、建设高校心理健康教育工作网络的意义

20 世纪 90 年代，改革开放的春风吹遍神州大地，人民的生活、工作与社会环境较之以前都发生了极大的变化，人们对自己的心理状况有了更多关注，尤其是高校大学生的精神卫生需求日益增多，而我国的心理咨询处于萌芽阶段，虽然国内各高校已于 20 世纪 80 年代开始纷纷设立心理咨询中心，但由于当时从事心理健康教育的人才较少，心理健康教育专职教师的力量严重不足。据统计，国外高校专职心理咨

询人员与学生的比例大致为 1∶400，而我国高校大致为 1∶10000。在 2018 年教育部印发的《高等学校学生心理健康教育指导纲要》中，要求各高校心理健康教育专职教师具有从事大学生心理健康教育的相关学历和专业资质，要按照师生比不低于 1∶4000 配备，但即使如此，在实际工作中，也还是无法满足广大学生对心理健康教育及咨询的迫切需求。另一方面，长久以来社会上对精神病人的污名化及对心理问题、心理疾病的误解，大学生在出现心理问题或情绪困扰时往往更愿意找同龄朋友倾诉，因此朋友、同学、班干部在开展心理健康教育工作时具有天然的优势，能够比辅导员、心理老师更容易、更及时地掌握大学生的心理动态。在陈昱文、吴东梅等（2010）所做的一项关于大学生心理咨询认同态度的调查中，"遇到心理问题时的解决方式"这个问题的结果显示，大学生的第一选择是"向朋友倾诉"，其他的选择排序分别为"压在心里""告诉家人""找辅导员帮忙"，而"找心理咨询师"则是排在最后。可见大学生们在遇到心理问题时，更倾向于与同学、朋友交流。在此背景下，各高校开始建立心理健康教育四级或五级工作网络，以期能够有效开展大学生心理健康教育、及时介入心理咨询、迅速处理心理危机事件。心理健康教育与防护五级工作网络机制在实践中发挥了巨大的作用，是帮助大学生调适心理、纾解困惑、化解心理障碍和培养良好心理素质的重要制度保障。

二、心理健康教育与防护五级工作网络的内涵

高校的心理健康教育与防护工作网络机制，即"学校—心理健康教育与咨询中心—二级学院心理健康工作站—班级心理委员—宿舍信息员"的多层级模式，在大学生的心理健康教育及防护工作中起着重要的作用。

学校成立由党委统一领导，分管校领导负责，学生工作部门牵头，教务、安保、研工、后勤、就业、心理、校医院等后勤部门，各二级学院相关负责人和相关专家共同参与的学生心理健康教育指导委员会。心理健康教育指导委员会负责对学校的心理健康教育与咨询工作进行整体规划和协调，出台心理健康教育与咨询工作的相关文件，健全和完善学生心理健康教育、危机预防与干预工作机制、制度。

学校心理健康教育与咨询中心是由专职心理教师组成的，是专门负责整个学校心理健康教育与咨询工作的职能部门，在高校学生心理健康教育工作的组织和管理中发挥着非常重要的作用。心理健康教育与咨询中心主要负责组织学生的心理状态测评，宣传心理健康及调适知识，定期开展面向教师、学生骨干和学生的培训，进行专门的心理咨询和访谈，筛查、辅导有心理问题的学生，建立学生心理档案等。

二级学院心理健康教育工作站即在二级学院领导的指导下，由学院负责心理工作的老师和辅导员组成心理健康教育队伍，它是大学生心理健康教育工作的实际组织者和执行者。二级学院心理健康教育工作站开展心理健康知识宣传和心理主题教育活动，对有心理问题的学生进行筛查和疏导，培养和管理心理委员和宿舍心理信息员，负责突发心理危机事件的应急处置工作。

班级心理委员作为班级干部，负责班级心理活动的开展、心理健康知识的普及，及时了解班级同学的心理动态，积极促进班级保持乐观向上的状态。心理委员在心理健康教育工作中的作用不可忽视，他们是开展朋辈心理辅导的最好人选，并且能够让二级学院心理健康教育工作站及辅导员及时了解班级同学的心理情况，使得有心理问题的学生能够得到及时的帮扶。

宿舍心理信息员主要是指在宿舍里开展心理健康教育工作、担任信息员的学生群体。信息员要有责任心，掌握基本的心理知识，积极乐观，善于营造良好的宿舍氛围，并在同学出现心理危机时及时报告老师，协助老师开展心理危机干预工作。

三、心理健康教育与防护五级工作网络机制的作用

在高校的心理健康教育与防护五级工作网络机制中，上到学校的领导、职能部门，下到学生，各层级发挥各自优势、通力合作，共同开展心理健康教育工作，宣传普及心理健康知识、进行心理健康主题教育活动，帮扶出现心理问题的学生，积极营造健康乐观的校园氛围。学生们能够在五级工作网络的影响下，提高心理保健意识，学会自我调节和自我悦纳，在各项活动中提升人际交往能力和表达能力，在遇到困难时，学会自我调适，并向室友、心理委员、辅导员、老师等寻

求帮助，在班级和校园中形成友爱互助的氛围。在学生突发心理问题时，五级工作网络能够及时发现、及时报告、及时进行帮扶和疏导，发挥朋辈帮扶和老师心理帮扶的作用，有效地帮助学生克服困难，发展积极的心理品质，预防危机事件的发生。所以，在高校的心理健康教育与防护工作网络中，虽然只有学校心理健康教育与咨询中心人员是具备丰富专业知识的助人者，但每一环节的参与者都可以以自身的优势与特点参与学校整体的心理工作，形成稳定、有效的心理健康教育与防护工作网络。

第二节 心理委员制度

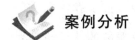 **案例分析**

凌波一直对心理学挺感兴趣的，平时自己也会阅读一些心理学的图书。他从大一开始就担任班上的心理委员。他常常会把自己看到的一些有用的心理学科普小文章或者推文转发给班上的同学，定期组织班上的同学开展心理健康主题班会、心理电影赏析、读书会、团建等活动，在他的带动下，班级的氛围融洽友爱。凌波也是一个很细心的人，同学们在学习或生活中遇到了什么困难，他也常常能够观察到。有时候，在凌波的开导和劝解下，同学能够想办法克服困难，调整好自己的状态，但有时候，凌波发现一些同学的心理困扰他也爱莫能助，他就会劝说同学去寻求辅导员或者心理老师的帮助。大学四年，凌波认认真真地做好心理委员的工作，他学会了越来越多的心理健康知识，各方面的能力也得到了很好的锻炼，同学们很信任他，老师也非常欣赏他。

分析：

凌波是位十分称职的心理委员，不仅自己能够主动地学习心理学知识，还向同学们宣传普及心理健康知识，定期开展与心理健康相关的活动，带动班级形成良好的班级氛围。在同学遇到心理困扰时，凌波能够及时关注，给予正确的指引，协助辅导员及心理老师有效地开展对同学们的心理健康防护工作。

在经济快速发展、社会竞争日趋激烈的背景下，当代大学生在学习、生活、人际交往、情感、就业等方方面面都面临着压力，总体来说身心状况并不乐观。而当大学生们遇到心理困扰时，许多人首先会向他们身边的同学和朋友寻求帮助，而不是求助于辅导员、老师或者专业的心理咨询人员。仅仅依靠心理咨询中心和心理健康课堂教学来缓解学生的身心压力显然远远不够。

2001 年教育部颁发了《关于加强普通高等学校大学生心理健康教育工作的意见》（教社政〔2001〕1 号），在该工作意见的指导下，高校心理健康教育工作迅速开展，学生心理自助工作也呈现蓬勃发展的良好态势。2004 年，天津大学在全校全面实施心理委员制度，这标志着我国高校心理委员制度的正式诞生。随后，许多高校也陆续建立了心理委员制度。经过十多年的发展，我国高校心理委员的队伍迅速壮大。根据 2018 年发布的《心理委员工作蓝皮书——心理委员工作研讨会十二载》的统计数据显示，我国包括专科、本科等各层次的高校均建立了班级心理委员制度，初步估算，当时的高校心理委员总人数超过 74 万人。由此可见，高校的心理委员已成为我国高校心理健康教育的一支重要队伍。

一、心理委员工作的意义

高校心理委员是指在班级中设立的专门服务于学生心理健康需要，承接学校、学院心理健康教育工作，具体开展心理健康教育活动，帮助学生实现自我服务、自我教育、自我成长的班级学生干部。心理委员的设立满足了大学生心理健康辅导工作的需要，具有重要的现实意义。

1. 作为专业心理咨询服务的重要补充

现代人越来越重视自身的心理健康问题。对于高校而言，希望培养出来的大学生是既有能力又身心健康的人才，可是由于高校中从事专业心理咨询工作的人员普遍较少，难以满足广大学生的心理发展需要，加之我国大学生相对内敛，遇到问题倾向于自己解决，如果自己解决不了，才会向身边的朋友、同学求助。心理委员就是学生中的一分子，有和其他同学共同学习、共同生活的优势，与同学交流起来更方便，有更多的共同感受，也更容易共情，能够给予恰当而及时的心理疏导。心理委员的设立，增加了对大学生进行心理辅导的渠道和形式，弥补了专业心理咨询资源不充足的欠缺，使得心理健康教育的工作得到更加广泛的覆盖。

2．成为同学与辅导员、老师之间信息的桥梁

心理委员作为学校心理健康教育与防护工作网络中的重要一环，发挥着基础性的作用。他们是所在班级心理健康知识的宣传者，是帮助同学纾解心结的朋辈心理辅导者，也是及时发现同学可能存在心理问题的"岗哨"，还是推荐同学寻求心理咨询的"中转站"。心理委员往往能够及早地注意到班上出现心理危机迹象的同学，从而能够及时向老师报告重要信息，提高了心理危机预警机制的灵敏性和有效性，为心理危机的预防和干预工作做出了积极贡献。心理委员工作极大地延伸了学校心理健康教育工作的时间和空间，可不受辅导员、老师下班时间的限制，空间延伸至班级、宿舍、校园，关注到班级中的每一名同学。心理委员在同学和辅导员、老师之间起到了桥梁和纽带的作用。

3．能够促进心理委员自身成长

心理委员往往在一开始就对心理学感兴趣，才选择担任心理委员这一职位。在经过学校心理健康教育与咨询中心、学院二级心理健康辅导站的专业培训后，学习和接触到了更多的心理学知识，心理委员在帮助别人的同时也帮助了自己。因为在开展和组织心理健康教育活动的过程中，心理委员掌握了更多的心理保健知识，有利于建立正确的自我认识和调节自身的情绪状态。其次，在与同学们交往和沟通的过程中，心理委员能够发现自己的性格特点、接人待物的风格等，能够在实践和反思中不断成长。而且心理委员的工作，也使得他们更容易成为同学喜爱、老师欣赏的人。

二、心理委员的定位

心理委员是高校心理健康教育队伍的组成部分，是协助心理教师开展心理健康教育工作的重要力量。心理委员作为一名班级学生干部，与其他班干部相比，有着特殊的身份和职责。依据其工作性质，心理委员的角色定位往往包含以下四种。

1. 心理健康知识的宣传者

心理委员作为班级中负责心理健康教育的学生干部，担当了心理知识宣传员的角色。首先，心理委员应积极进行心理援助信息的宣传工作，即广泛宣传学校心理咨询场所、咨询时间、咨询教师的电话及心理咨询预约制度等。其次，心理委员可以通过班级 QQ 群、微信群、朋友圈、群邮件等方式定期分享心理健康知识，针对不同时间段（如开学、考试、求职）可能遇到的问题，进行有针对性的主题宣传，如针对"如何应对考试焦虑""如何与人交往""毕业季中常见的心理困惑"等主题，帮助同学们了解自己、了解他人，掌握良好的人际交流技巧。除此之外，还可以定期开展如心理保健知识竞赛、心理团体辅导活动、心理电影赏析等形式新颖、内容丰富的活动，以促进班级同学增强心理保健意识，逐渐掌握心理健康的标准、心理发展规律知识、心理调适的方法，从而促进学生的心理自助及助人能力的发展，在班级的心理健康活动中营造出和谐友爱的氛围。

2. 心理健康的实践者

班级的心理委员不仅仅是心理健康的宣传者，还应成为心理健康的实践者。心理委员应当主动学习心理学知识，以心理学知识指导自己的学习和生活，对人生保持乐观积极的态度，树立心理健康理念，通过榜样示范的力量对班级其他同学形成积极的暗示作用，从而影响班级中的其他同学，让他们看到心理学对实际生活的指导与帮助，激发其他同学学习心理学知识并在实践中践行的热情，达到提高整个班级的心理健康水平的目的。

3．心理动态的信息员

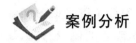

案例分析

　　婧琪是某高校的大三学生，恋爱了四年的男朋友最近与她分手了，她非常痛苦，天天以泪洗面。宿舍的几个舍友纷纷劝她想开点，也常常陪她、开导她，但她仍然非常消沉，无法走出这段感情。舍友想要把婧琪的情况告诉辅导员，但是她一再叮嘱说不想让其他人知道这件事情，自己会慢慢好起来的，于是舍友便没有告诉辅导员。一天夜里，婧琪约上宿舍的几位舍友一起到学校的湖边喝酒聊天，直到深夜，她让几位舍友先回宿舍，她还想一个人坐会儿，吹吹风。几位舍友见夜已深，也劝说不动婧琪回去，就自行先回宿舍休息了，留下婧琪一人。可没想到，第二天一早，她们就听到了噩耗，婧琪竟在她们走后，投湖自尽了……舍友们悔恨万分："也许及时告诉辅导员，有更多的人一起来帮助婧琪，婧琪就不会在痛苦中选择结束自己的生命了……"

　　分析：

　　婧琪的舍友其实非常关心她，也花了一些时间陪她、疏导她，希望她能够走出痛苦。但是，她们对婧琪的心理状态缺乏准确的理解与判断，没有及时将婧琪的情况汇报给辅导员、心理老师，对可能出现的危机也缺乏敏感性。如果她们能够尽早将婧琪的情况汇报给辅导员，那么辅导员就能及时对婧琪进行心理疏导和保护，必要时可以请学校的心理老师介入，为婧琪进行专业的心理辅导，婧琪就很有可能从失恋的痛苦中走出来。

　　心理委员与同学同为一个群体，朝夕相处，能够便捷地观察和了解同学的心理状态，可以及时发现班级同学在情绪、人际、学习、生活等方面的动态信息，辨别并上报同学潜在的心理危机。已经有无数的工作案例证明，正是得益于心理委员及时提供心理危机预警信息，辅导员、心理老师才能迅速对出现心理危机的学生进行干预与保护，使其得到有效的救助。在心理危机干预中，心理委员最重要的作用是能够及时了解产生心理危机的同学的相关信息，并保持信息报送渠道的畅通。受过培训的心理委员，虽不能像专业心理咨询者那样对当事人进行直接的干预，但是他们能够以最快的速度将心理危机状况上报给辅导员、心理老师，为开展实际的危机干预工作争取了宝贵的时间。

作为心理委员，在日常工作中，应对存在以下特征的同学多留心关注：心理健康测评筛查出来有心理障碍、心理疾病或自杀倾向；遭遇突发事件，如家庭重大变故、自然或社会意外刺激；学习压力过大、学习困难；个人感情受挫，如失恋、同学朋友间存在尖锐矛盾等；人际关系失衡，如受排斥、受歧视、被误解等；性格过于内向、孤僻，社会交往很少，缺乏社会支持；严重环境适应不良导致心理或行为异常；家境贫困、经济负担重、自卑感强；身体出现严重疾病，个人很痛苦，治疗周期长；正在服用精神类药物控制病情以及曾患心理疾病休学、病情好转又复学；出现个体心理及情绪危机；转系、休学、降级、近期受到处分等。

一旦发现同学出现心理危机或心理危机早期症状，心理委员要及时向辅导员、心理老师进行汇报，并且注意不要在同学中随意宣扬，配合老师做好保密工作，以免对重点关注的同学造成二次伤害。

在心理危机后干预阶段，心理委员可以向当事人提供必要的心理支持，细致地观察、不间断地跟进有心理问题的学生，及时追踪并反馈信息。

4. 心理困惑的疏导者

班级心理委员与其他学生同属一个群体，年龄相近，彼此的价值观和生活经验都比较接近，因此，彼此交流起来有时候会更容易。在日常的学习和生活中，心理委员如遇到存在心理困惑的学生，可以对其提供情感支持和进行心理疏导，从心理上接纳、关怀当事人，运用倾听、合理劝导、积极关注、理性分析等方式帮助当事人尽快走出心理困境。但是，毕竟心理委员不是专业的心理咨询工作者，接受的专业培训有限，要明白其提供心理辅导的效果是有限的。必要时，心理委员可以鼓励或转介心理问题较复杂的学生前往心理健康教育与咨询中心接受专业的心理辅导。在陈佳薇（2013）的调查中，据某高校的数据统计，前往学校心理健康教育与咨询中心接受心理咨询的学生中，约有30%来自于心理委员的指引。

心理委员对于自己的角色定位有越清晰的了解，就越能在实际工作中发挥好自己的角色，做好心理委员这份工作。

三、心理委员的工作任务

在实际工作中，常常会发现许多心理委员不太了解自己的工作对象、工作任务，有些甚至存在模糊或错误的观念。他们大多认为，心理委员的工作就是去发现身边同学是否出现了心理问题，如果没有问题，自己就不需要做什么了。这种错误的观点，反映出他们将发现心理问题、报告心理问题等同于自己工作内容的想法，实际上忽略了心理委员最重要的工作——宣传心理健康知识以帮助同学提高自身的心理素质。心理委员对自己工作的这一错误认识，也使得班级中的同学容易对心理委员抱有一种戒备心理，认为心理委员是向辅导员、老师"打小报告"的人。而当心理委员主动与同学接触时，同学也会油然而生一种奇怪的感觉：他为什么主动来和我聊天？难道他认为我有什么心理问题吗？所以，如果心理委员不能明确自己的工作对象和工作任务，那么在实际工作的开展中，心理委员的工作就会陷入一种名不副实的尴尬境地。

心理委员作为高校心理健康教育工作体系中的一线力量，应该对自己的工作树立正确的认识，明确自己工作的对象是班级的全体同学，并非只针对个别问题学生。心理委员还同时要向其他同学宣扬这样的观念，消除同学们的顾虑，为工作的顺利开展奠定良好的基础。

心理委员的工作任务主要有以下两个：

1. 宣传心理健康知识，提升学生心理健康保健意识

在日常工作中，将对心理健康的正确理解、调适情绪的技巧、舒缓压力的方式等心理健康知识在班级中进行宣传，使同学们懂得关注自己的心理状态，提升心理健康保健意识，掌握实用的心理知识，悦纳自我，提高自我调适的能力，培养坚强的心理品质与健全的人格，能够正确看待心理咨询，认识到在必要时寻求心理帮助是一件正常的事情。

2. 开展朋辈心理辅导，及时报告同学心理动态

如果在班级中，发现有同学出现了一些不寻常的情绪波动、反常的行为表现，心理委员应当深入了解情况，掌握更多信息，对同学的心理问题形成初步判断。对于存在轻微心理困扰的同学，及时对其进行疏导，正确、灵活地应用掌握的朋辈心理辅导知识和技巧来帮助同学；而对于存在较为严重心理困扰的同学，要及时将其情况向辅导员汇报，配合辅导员做好对当事人的心理疏导和防护工作，并适当控制信息扩散的范围，以避免对当事人造成更大的伤害。

四、心理委员的选拔

高校心理委员的选拔、培训、任用、激励和考核等相关管理规定构成了心理委员制度。基于心理委员制度所开展的工作以及心理委员所组织的各项活动构成了心理委员工作。心理委员是高校心理健康教育工作有效开展的关键力量。

哪些同学适合担任心理委员呢？首先，心理委员应该具备较成熟的人格，敢于真实地面对自己，悦纳自己，社会适应良好，心理素质较好。其次，心理委员应该专业学习成绩优良，在学习之余能为同学服务，善于学习心理学及相关助人知识。再次，心理委员应当愿意为同学服务，有较强的社会责任感和敬业奉献精神，关心他人，富于爱心，乐于助人，有良好的道德品质，思想政治素养较高。最后，心理委员应当外向乐观，情绪稳定，有较敏锐的观察力，善于人际交流和沟通，并具有一定的组织协调能力和团队精神。

由于心理委员需要有较好的心理素养及能力，并且相对于其他的班级学生干部，心理委员需要接受更多的心理学专业培训，所以心理委员一旦选定，原则上四年不再更换。这就使得确保选拔到合适的心理委员变得尤为重要。心理委员选拔的主要目标是挑选出热爱心理工作、心态积极向上、愿意为他人服务的并且对心理学感兴趣的学生干部。

心理委员的选拔主要有两种方式：一种是竞选，一种是直接委任。因为心理委员作为班级学生干部的一员，往往也会在大学新生入学的

班干竞选活动中作为一个普通的班干职位开放给学生参与竞选，方式是有意愿的同学报名，经过公开竞选后，得到班级同学投票数最多的候选人担任心理委员。通过竞选产生的心理委员，更能得到班级同学的信任和拥护，开展心理委员工作也会更加容易。但也存在一些心理委员可能本身心理素质不够优秀、对心理委员的工作不够了解、能力不足以胜任心理委员工作的，这样的心理委员可能会自己向辅导员提出离职申请，或因心委工作无法完成而被辅导员以其他同学替换。

心理委员的另一种选拔方式是直接委任，现在有越来越多的高校要求心理委员区别于其他的班级学生干部，必须由辅导员根据班级同学的表现，挑选出具备相应能力和素质的学生，直接委任心理委员。这样的选拔方式基于辅导员对心理委员的心理健康水平及各方面的能力有更全面的了解和把握，确保了心理委员的工作能够有效、顺利地开展。但是直接委任的心理委员，可能会群众基础不够扎实，容易出现不被班级同学理解和拥护的情况。

五、心理委员能力结构模型

许多学者对高校心理委员的能力模型进行研究，希望对提升心理委员的能力建设提出有意义的策略。乐芬芳（2008）对心理委员胜任力的内涵做出了界定，提出高校心理委员胜任力可以概括为人格特质、工作动机、心理健康领域的知识和技能水平等几个方面；李海洲等人（2011）以实证的方法对高校心理委员胜任力进行研究，结论认为高校班级心理委员胜任力包括自我认知、心理特质、动机、自我管理能力、组织管理能力、知识结构、沟通协调能力 7 个因素；姚小燕（2011）从心理委员胜任力的视角出发，研究了心理委员应当具备的胜任力特征，包括人格特质、工作动机、心理健康教育领域的知识和技能水平等；闫娟丽等（2013）采用心理委员胜任力问卷进行调查，探讨了大学生人格特质和胜任力的相互关系；魏虹（2018）从心理委员的工作职责和能力培养的视角出发，提出了系列培训方案。

在这里，要给大家介绍的是丁闽江（2019）建立的"两种观念、两种知识、六种能力"的心理委员能力结构模型。具体包括：正确的心理观念、帮助他人的观念；心理健康基本知识、心理服务伦理知识；

心理问题识别能力、心理咨询基本能力、自我心理调控能力、活动组织管理能力、人际交往沟通能力、获取社会资源能力。

心理委员能力结构模型中的两种观念指正确的心理观念、帮助他人的观念。主要是指心理委员应当对心理健康有正确认识，应当意识到心理健康的重要性，能够以正常的心态面对心理健康问题，能够认识到心理问题的发生和发展是有规律的，心理疾病是可以预防和治疗的。心理委员应该致力于帮助其他同学获得心理健康，能够接纳、理解和尊重出现心理问题的同学，乐于提供必要的心理帮助，愿意关心和帮助出现心理问题的同学。两种观念体现了心理委员应当具备善良真诚、积极乐观、爱心、责任心等品质。

心理委员能力结构模型中的两种知识是指心理健康基本知识、心理服务伦理知识。主要是指心理委员要理解心理健康的标准是什么，了解心理问题的基本规律，掌握缓解心理问题的常见方法；心理委员应当在心理健康教育工作中遵守基本的心理咨询服务守则、原则和道德，做到为有心理问题的同学保密，能够尊重和理解有心理问题的同学的想法和行为，能够主动地建议有严重心理问题的同学去寻求专业的心理辅导等。

心理委员能力结构模型中的六种能力包括：心理问题识别能力、心理咨询基本能力、自我心理调控能力、活动组织管理能力、人际交往沟通能力、获取社会资源能力。主要是指心理委员能够辨别区分什么情况是心理问题，识别出不同心理问题的症状，了解心理从健康状态到精神疾病的连续图谱，知道不同的心理问题种类应该对应何种求助途径，掌握基本的缓解心理问题的技巧和方法，可以通过症状区分心理问题的种类，可以判断心理问题的严重程度，可以通过日常生活敏锐捕捉心理问题的症状，可以通过朋友圈、QQ 签名、微博等网络信息识别同学是否有心理问题，能判断同学是否出现心理危机。心理委员懂得运用尊重、温暖、真诚、倾听、共情、积极关注等基本的心理咨询技能，能够依据观察到的同学的心理变化做出判断，能够运用基本的心理咨询方法帮助出现轻度心理困扰的同学纾解心结，对不同程度心理有问题的同学采取适当的应对措施。心理委员还应清楚自己的心理健康情况，对自己的心理健康状态有清晰的了解，能够保持自己心理的健康状态，能够对自己的心理困扰进行自我调适，在遇到严重问题时，懂得如何求助。心理委员能够组织策划心理健康教育活动，有能力配合学院、辅导员或学校朋辈心理组织开展一些大型的心理活动，能够开展心理素质拓展活动，最好具备开展团体心理辅导的能力。在心理活动过程中，能够主动寻求专业支持和指导；心理委员愿意与人交往，并且善于主动与人交往，能听懂对方要表达的意思，能清晰表达自己的看法，使同学愿意与其交往。心理委员还应懂得学校提供的心理咨询服务有哪些、怎么获取，懂得社会有关机构提供的公益心理服务热线，懂得哪些医院可以提供心理诊断和治疗服务，知晓一些社会咨询服务机构，能及时找到老师、专业人员提供专业指导。

第三节　拓展训练

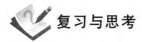 **复习与思考**

1. 高校心理健康教育与防护工作网络由哪些环节组成？
2. 高校心理委员的角色定位包含什么？
3. 高校心理委员的工作任务是什么？

 **拓展练习**

请你围绕上学期的心理委员工作写一份工作总结，并围绕下一个学期的心理委员工作安排写一份工作计划，并在班级中对同学们进行汇报。

 **推荐图书**

《心理委员工作蓝皮书》

此书由詹启生主编，是全国高校心理委员研究协作组对 2006 年在天津大学举办首届全国高校心理委员工作研讨会以来十二届会议的全面总结，积累了国内的关于心理委员工作的几乎全部资料。此书共由六部分组成：第一部分，全国高校心理委员工作概述（从 2004 年创建以来的概括）；第二部分，十二载研讨会再现（从第一届全国高校心理委员工作研讨会到第十二届的精彩回放）；第三部分，全国心理委员工作的发展成果展（展示了全国 2631 所高校中的心理委员特色活动）；第四部分，全国心理委员工作高校介绍（记录了全国 16 所高校心理委员工作的示范材料）；第五部分，全国高校心理委员工作数字统计报告（这是蓝皮书的核心部分，披露了对 116 所高校心理委员的调查数据）；第六部分，全国高校心理委员工作发展展望（对信息化新时代下心理委员工作的全面蓝图进行了描绘）。

第四章

心理委员需要掌握的朋辈心理咨询知识

 本章导读

　　心理委员与其他班干部不同，有一定特殊性。除了正常班干部的管理和服务职能以外，心理委员还肩负着针对个体开展的谈心谈话任务。一方面通过谈话交流，可以与同学建立良好关系，树立心灵守护者的正面形象；一方面便于摸查本班心理健康状况，及时在互助层面为有需要的同学提供支持和陪伴，伴随同学走出暂时的阴霾，预防极端事件的发生。

　　在这一章，心理委员可以了解到在一对一互助中必须掌握的朋辈心理咨询知识，用朋辈心理咨询的原则和方法帮助自己在开展谈话工作时收集到更多有效信息，以及使谈话起到助人效果。本章有非常实用的朋辈心理咨询技巧，丰富的错误和正确示例，帮助心理委员理解相关知识。最后还有较为完整的咨询过程示范帮助心理委员进一步了解谈话的脉络。

第一节　朋辈心理咨询概要

 **案例分析**

　　班级心理委员安晴发现班里的蔡同学最近变得少言寡语，神色哀

伤，上课还会走神。侧面一打听才知道蔡同学的父亲最近因病去世了。安晴不知道如何对小蔡表示关心和慰问，来到咨询室向心理老师讨教。

分析：

安晴是位十分称职的心理委员，能细心观察同学的近况，尽力照顾同学的感受，有着一颗助人之心，并积极了解助人的相关知识，但是因为缺乏互助的相关知识和谈话技术，她在遇到一些问题时，会感到无从着手。

在同学出现心理困扰需要帮助的时候，心理委员到底可以说些什么、做些什么呢？心理委员的助人技巧跟专业心理咨询又有何异同？每位心理委员都需要掌握一些朋辈心理咨询的相关知识。

一、朋辈心理咨询的定义

在学校—心理健康教育与咨询中心—学院—班级心理委员—宿舍信息员五级心理防护网络中，心理委员、宿舍信息员以及朋辈心理辅导员等学生起着越来越重要的作用。随着学生心理防护意识的增强，咨询需求的增加，各高校不断探索各种有效的心理咨询模式。其中朋辈心理咨询改变了以往学生只是心理咨询的对象、只有少数专业的心理咨询师才能开展助人活动的状况，让学生帮助学生成为心理健康教育与咨询工作改革的重要内容。

朋辈心理咨询在同辈及朋友之间进行，实施方便、效果明显而且易于推广，是专业心理咨询的重要补充。朋辈心理咨询（peer psychological counseling）是从朋辈咨询（peer counseling）衍生出来的概念，与朋辈心理咨询类似的概念还有同伴教育（peer education）、同伴辅导（peer tutoring）、朋辈帮助（peer helping）、辅助性咨询（supportive counseling）等。

关于朋辈心理咨询，国外学者有着不同的定义。学者苏珊认为，朋辈咨询是指由受过半专业训练的学生，在专业咨询人员的督导下帮助需要帮助的同学，而他们所提供的服务，只限于倾听、支持和意见沟通，而不给予建议或劝告，朋辈咨询员属于半专业人员。心理学家格雷和霍多尔则把朋辈咨询定义为"非专业工作者作为帮助者所采取的人际间的帮助行为"，认为朋辈咨询员是非专业人员，而且他们的角色只限于处理人际关系问题。学者马歇尔夫强调了朋辈心理咨询的心理咨询功能，认为朋辈咨询是非专业心理工作者经过选拔、培训和监督向寻求帮助的年龄相当的受助者，提供具有心理咨询功能的人际帮助的过程。学者沃伦豪斯特认为朋辈咨询与半专业咨询不同，朋辈咨询只服务于同年龄层的人或同学，工作属于义务性质，而半专业的咨询人员的工作对象是所有需要帮助的人，担任例行的咨询工作，他们可以获得一定酬劳。

根据以上观点，朋辈心理咨询主要涵盖三部分内容：一是助人者为非专业咨询人员；二是帮助过程发生在人际间；三是帮助内容涉及鼓励、支持、安慰、开导和意见沟通等。国内学者对朋辈心理咨询的定义也围绕这三部分内容进行。其中陈国海、刘勇将朋辈心理咨询定义为在人际交往过程中人们相互给予心理安慰、鼓励、劝导和支持，提供一种具有心理咨询功能的帮助的过程，是非专业心理工作者作为帮助者在从事一种类似于心理咨询的帮助活动，也可以称为"非专业心理咨询"。朋辈含有"朋友"和"同辈"的意思，"同辈"指同年龄者或者年龄相当者。

二、朋辈心理咨询与专业心理咨询的异同

在高校中，朋辈心理咨询与专业心理咨询的服务对象都是大学生。专业心理咨询师经过系统、专业的长期培训，具有一定的执业资格，而朋辈心理咨询员只经过短期的心理咨询知识技能培训，经验也没有专业心理咨询师丰富。但在高校中专业心理咨询老师的数量还较少，而朋辈心理咨询员由学生担任，经过培训后大多数学生可以胜任朋辈心理咨询工作。虽然朋辈心理咨询专业性不及专业心理咨询，但它又区别于普通聊天。另外与专业心理咨询相比，朋辈心理咨询发生在同龄人之间，由于年纪相仿，经历相似，因此求助者更容易敞开心扉，倾诉烦恼，彼此安慰。朋辈心理咨询具有自发性、义务性、友谊性和便捷性，涉及的范围更广、发现问题更及时、预防性更强，能够完成专业心理咨询师无法完成的陪伴和支持工作，甚至有时能帮助求助者解决学习、交友等一些现实问题。

三、朋辈心理咨询的原则

1. 真诚

真诚（genuineness）是指助人者不把自己藏在专业角色的后面，不带假面具，而要以真实的面目出现在求助者面前，开诚布公，表里如一，真实可信地将自己置身于咨询关系中。在谈话过程当中表达真诚，最重要的是真实和诚恳。助人者既要对自己真诚，也要与求助者建立真诚、和谐的关系。真诚不仅可以为求助者提供安全自由的氛围，还可以为求助者树立良好的榜样，帮助求助者学会真诚对待自己和他人，促进求助者发生建设性的改变。

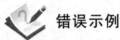 **错误示例**

李同学："我觉得我跟其他同学不一样，穿衣土土的，个子也不高，除了学习好点，城里同学懂的时尚玩意儿我都不太了解，有时他们说话我都插不上嘴。"

心理委员小真："确实，你平时穿衣搭配也太土了，而且光顾着学习，其他知识面太窄了。"

李同学："……"

分析：

心理委员小真说的确实是没有经过任何修饰的真心话，但是真诚不是简单的实话实说，不是自己内心所想就必须如实说出口，更不是自己想说什么就说什么，否则只会对来访者带来二次伤害。当然也不能没话找话，说一些偏离事实的内容，否则会让求助者感觉助人者过于虚伪。

 正确示例

李同学："我觉得我跟其他同学不一样，穿衣土土的，个子也不高，除了学习好点，城里同学懂的时尚玩意儿我都不太了解，有时他们说话我都插不上嘴。"

心理委员小真："是不是你平时主要忙于学习，所以忽略了其他方面？不过这些外在的内容和信息，只要你花一下心思是可以改善的。反而勤奋、努力这些品质可不是一天两天就能获得的。"

分析：

心理委员小真并没有否认李同学穿衣土、不懂时尚的事实，但是为李同学带来了另一个看事物的观点：就是由关注外在品质转为关注内在品质。小真说的都是实事求是的内容，体现了一种真诚的态度，而且还能给求助者带来温暖和希望。因而我们要学会对语言进行一些基于事实的修饰。

2．温暖

错误示例

陈同学："我最近一直睡眠比较差，入睡特别困难，中间还特别容易醒，醒了就睡不着了，好烦啊。"

心理委员梅美："心理老师说了，你这种情况属于比较严重的问题，找我也没用，我想你还是去看医生去吧。我还有点事情要处理，先走了。"

陈同学："……"

分析：

心理委员梅美并没有耐心仔细询问陈同学失眠的表现、原因和严重程度，就急于给出评判，也没有就陈同学目前遇到的困扰给予积极关注和共情，可以说两人完全不在同一个频道上，产生了距离感。案例中的梅美违反了朋辈心理咨询的温暖原则。

温暖（warmth）是朋辈心理咨询员通过语言或非言语形式向求助者表达的一种情感态度，借助于语言、语音、语调、姿态、手势及面部表情等向求助者传达温暖与支持，例如专注于求助者的倾听以及友好认真的表情动作，其中微笑被认为是最能表现温暖程度的因素。

在谈话中，既有提问和分析、冷静思考的理性部分，也有关心接纳、乐于助人的感性部分，温暖就是感性部分的重要内容。只有理性和感性相结合，才能让求助者在情感上感受到被接纳，又能在理智上做出改变。温暖是助人者助人愿望的重要体现，是一种助人者要遵循的原则和必备的素质。

 正确示例

陈同学："我最近一直睡眠比较差，入睡特别困难，中间还特别容易醒，醒了就睡不着了，好烦啊。"

心理委员梅美："睡不着肯定很难受吧？（共情）我之前做项目也睡不着，好担心自己会变成习惯性失眠，不过问题解决后情况就好了。（自我暴露）你呢，有什么特别的事情发生吗？（具体化）"

陈同学："原来你也有过失眠呀？我跟你一样一样的，我是因为毕业论文题目没想好，其他同学早就把题目发给导师了，我还一点头绪都没有，每天焦虑得睡不着。"

分析：

陈同学带着焦虑和对失眠的担心来向心理委员梅美寻求帮助，梅美此刻的关心、同情和耐心能在一定程度上带给陈同学一丝安慰，从而建立良好的关系并收集更多的有效信息。求助者感受到帮助者的温暖后，会对谈话产生更多的期待和动力。

3. 尊重

 错误示例

张同学："我最近学习很难集中精神，一直在思考我要不要退学回家算了。"

心理委员梅美："你整天想东想西，能集中精神学习才怪。你想，退学的话连大学文凭都没有，将来有什么出息？一定要听我的，千万不要退学。我看你平时的学习方法存在问题，我把我的学习方法告诉你，你学学看。"

分析：

梅美一上来就数落张同学，并没有细心感受张同学内心的焦虑、犹豫和对学习的担忧等情绪。没有询问张同学的想法和学习困难的原因就完全否认了张同学的意愿，并把自己觉得拿到大学文凭才是唯一出路的观点强加给张同学，摆出我强你弱的高姿态，这不是一种尊重的态度。

尊重是助人者在价值、尊严、人格等诸多方面与求助者保持平等关系，既要接纳求助者积极正向的品质，也要接纳求助者消极负面的品质，并允许和接纳求助者有着与自己不同的观点和价值观。朋辈心理咨询并不是助人者高高在上，忙于给求助者一些自以为高深的意见和建议，甚至不分青红皂白地批评和指责，而是助人者和求助者一起合作，共同寻求解决办法。就如同两人一起爬山，不断迂回往上，而不是助人者高高站在山顶，对着半途中的求助者指手画脚。

助人者不是要迅速解决来访者的问题，也不是给来访者提供建议，更不需要直接为求助者解决问题，而是要进入求助者的世界，了解其内在想法和感受以及行为背后的内在动机。助人者应以求助者的视角看待问题，尊重求助者的感受和理解，从求助者的角度帮助其寻找适合他的健康、快乐的生活。助人者能以开放和尊重的态度面对求助者，让求助者感到被理解和接纳，才能拉近彼此的距离，让助人活动变得更自然和易于进行。心理学家罗杰斯认为，无条件的尊重是促进求助者发生建设性改变的关键因素。

 **正确示例**

张同学："我最近学习很难集中精神，一直在思考我要不要退学回家算了。"

心理委员梅美："你说很难集中精神，具体的表现有哪些？"（具体化）

张同学："我一看到课堂的那些知识，觉得太理论化了，对于实际操作一点帮助都没有，我心里就烦，一小时也看不进去一页书，老师讲的内容也不想听。"

心理委员梅美："哦，原来你不喜欢太理论的知识，而是希望学到更实用一点的技能。"（内容反应）

张同学："对啊，对啊。"

心理委员梅美："我一开始学这些课程也有这种感觉，觉得学完不知道毕业能找到什么样的工作。（自我暴露）但是后来我跟一些已毕业的师兄师姐聊了，也向专业老师提出疑问，经过了解才发现这些理论课程是比较基础的课程。你也可以多找些过来人问问。如果你愿意，我也可以跟你分享一下我觉得有用的一些心得。"

4．保密

 **错误示例**

心理委员志扬："班长，你知道咱们班里的王同学吗？他最近找过我，你知道他在'挑战杯'上花了很多心思，但是这次没进入决赛，心里特别郁闷，所以找我聊聊。我觉得他抗挫能力有点弱，你平时工作的时候也多留意留意，让别的班委也多帮助他。"

分析：

志扬出于想让更多人帮助王同学的心理，将王同学找过自己的事情告诉其他人，这违反了朋辈心理咨询的保密原则。对求助者来说，能敞开心扉向一个人透露心声不是一件容易的事情，然而一转身却发现自己的隐私被所有人都知道了，这可能对他是一件雪上加霜的事情。这么做不但起不到帮助求助者的目的，反而会给他带来更多的伤害。

对于朋辈心理咨询，保护求助者的隐私是十分重要的。作为一名心理委员，在工作中要注意：

第一，要严格遵守保密原则，不向第三者公开求助者的姓名，拒绝公开求助者情况，尊重求助者的合理要求；具有强烈的义务意识，乐于为同学服务；谈话中不得逾越朋辈咨询关系，运用法律和道德约束自己的行为。可以用笼统和概括的信息来转述求助者情况，更好地保护求助者的隐私，避免求助者受到伤害。

第二，遇到困难情况及时转介，转介要经过求助者的同意，并说明转介的理由。不能在不适合的场合进行朋辈心理咨询。在助人过程中遇到不能解决的问题需要专业人士的指导时，要尽量在最小的范围内寻求帮助，不能随意拿求助者的问题跟他人探讨。

第三，保密例外。当求助者有伤害自己、伤害他人或者违反法律等情况下，助人者需要打破保密原则。

四、朋辈心理咨询的宗旨

朋辈心理咨询的宗旨是"助人自助"，助人者要帮助求助者学会自己帮助自己。中国有句古话叫"授人以鱼不如授人以渔"，说的是给人传授既有知识，不如给人传授学习知识的方法。道理其实很简单，鱼是目的，抓鱼的方法是手段，一条鱼能解一时之饥，却不能解长久之饥，如果想永远有鱼吃，那就要学会抓鱼的方法。"助人自助"所秉承的正是这一理念。

 **哲理故事**

寒夜里，大街上有个无家可归的流浪汉冻得四肢冰冷，看来这个冬夜会非常难熬。幸运的是，一位善心人送来了一床厚棉被，并细心地为流浪汉盖上，用棉被把流浪汉盖得严严实实。流浪汉终于暖和过来，感激地对善心人说："多亏了您，是您和这床棉被救了我。"善心人笑着摇摇头，说："最终救了你的是你自己的体温。要记住，只有你还活着、有心跳、有体温，这床棉被才能真正起到作用。人只要一息尚存，生活就有希望！"

分析：

后现代的咨询理念认为"每个人都是自己问题的解决专家"，助人自助正好体现了这一观点。我们要相信每个人都有潜能解决自己的问题，只是当人们遇到困难的时候，忘记了自己具有的自我资源，助人者要协助求助者重新看待自身的能力和资源。这位善心人的话语正体现了强调来访者内心的理念，该理念认为即使在助人者的帮助下，求助者仍需要动用自身资源，这样才能真正解决问题。

第二节　朋辈心理咨询的技巧

　　根据专业心理咨询的相关技术，朋辈心理咨询也有一些简化的助人技巧。助人者不仅可以将这些方法运用于朋辈心理咨询当中，还可以将其运用于日常生活当中，这将大大增进人与人之间的沟通与交流，使自己的生活发生积极的变化。

一、倾听

1．倾听的定义

　　"听"这一项行为在古代就被人们赋予丰富的含义，而且被视为一种高尚的品格。助人者可以通过繁体的"聽"字帮自己理解和掌握聆听的关键要素。"聽"包含一"耳"、一"心"、十"目"，告诉我们作为聆听者，我们不仅要全神贯注、一心一意地带上耳朵聆听倾诉者的信息，而且还要开足马力、投入精力观察倾诉者的言行举止、肢体语言和面目表情，少说多听，以说者为王，这也体现了朋辈心理咨询的尊重原则。

【耳】耳为主
听，需要少说多听
听，用耳优于用嘴

【十目】多用眼
听，需要善于观察

【一心】常用心
听，需要体察对方内心深处的声音

 **错误示例**

　　李同学："我爸妈太烦了，我都这么大了，他们还事事干涉，我一

点自由都没有。"

心理委员欣欣："哎呀，我爸妈也一样。你都不知道，他们昨天还打电话过来让我每天早上用盐水漱口。而且不允许我在大学期间谈恋爱。这也就算了，反正谈了不告诉他们就行了。但是我准备一毕业就找工作的，他们却一定要我考研。说其他表兄弟姐妹全部都是研究生，我不能给他们丢脸，你说气不气人。"

李同学："……"

分析：

李同学一心想要向心理委员欣欣吐苦水，结果欣欣忘记了心理委员的倾听任务，滔滔不绝讲起了自己的苦恼，真是让人啼笑皆非。这种现象在普通人之间的聊天当中十分常见，插嘴、打断、只说不听等，很多人的倾听能力有待提高。

那到底什么是良好的倾听呢？倾听是朋辈心理咨询的第一步，是建立良好咨询关系的关键因素之一。倾听是指助人者全神贯注地聆听求助者的诉说，并适时表示理解但不做主观评价。助人者应认真观察求助者细微的言语与非言语行为所表达的信息，体察信息背后的深层次情感，并运用言语和非言语行为对求助者的诉说内容进行积极反馈；不表示怀疑、厌恶等负面情绪，将无条件关注和接纳贯穿于谈话过程中。

 **正确示例**

李同学："我爸妈太烦了，我都这么大了，他们还事事干涉，我一点自由都没有。"

心理委员欣欣："听起来你遇到了一些与父母相处的烦心事。（内容反应）我的父母也曾经过于介入我的生活，那时确实挺烦的。（自我暴露）你能具体说说父母在哪些事情上对你进行干涉吗？（具体化）"

李同学："我这么大了，他们还要给我寄日用品，担心我买的质量不好。……"

分析：

心理委员欣欣这次用到朋辈心理咨询的一些技术，让李同学愿意继续详细讲述自己的问题。她的倾听不仅可以让李同学的问题得到宣泄，有缓解情绪的作用，而且可以帮助自己获取更多的信息，并对问题做出判断和对后续的谈话做安排。

2. 倾听的注意事项

 **错误示例**

肖同学："最近这一段时间我太烦了，什么事情都不想做。"

心理委员伟杰："你看你的症状跟抑郁症挺像的，要不要去医院看一看？"

肖同学："真的吗？你这么一说我觉得真的挺符合的，那可怎么办啊？"（贴标签）

心理委员伟杰："八成是的。你是为什么感到心烦呢？"

肖同学："我前段时间不是有门课没过吗？"

心理委员伟杰："原来如此，一门课没过这有什么大不了的，就值得你愁眉苦脸的。"（轻视来访者的问题）

肖同学："都怪那任课老师，别的老师都画重点，他偏偏不画。"

心理委员伟杰："这可就是你的不对了，怎么能怨老师呢？这是一名学生该做的吗？"（急于教育或做道德评判）

分析：

心理委员在倾听时要注意不能急于贴标签和下结论。没有了解事情的真相，或者为了卖弄自己，给求助者贴上标签，会给求助者带来心理压力，对求助者带来误导。当然也不能随随便便轻视求助者的问题，因为求助者愿意开口倾诉并不是一件容易的事情，他们的烦恼值得我们细细聆听和理解。还有心理委员不能对求助者进行教育或道德评价，将自己的价值观强加于求助者身上。

 **正确示例**

肖同学："最近这一段时间我太烦了，什么事情都不想做。"

心理委员伟杰："发生了什么事情？你能具体说一说吗？"（具体化）

肖同学："我前段时间不是有门课没过吗？我担心会影响我考研。"

心理委员伟杰："原来你为课程没过担心，害怕影响以后考研。（内容反应）换了是我我估计也会很焦心的。"（共情）

肖同学："是呀，能不焦心吗？都怪那任课老师，别的老师都画重点，他偏偏不画。"

心理委员伟杰："你有点埋怨老师，觉得是老师的问题造成了你不及格。"（内容反应）

肖同学："唉，也不全是他的问题。别的同学也不知道重点，但就我没过。"

心理委员伟杰："看来你也为自己感到懊恼。（情感反应）那这事情还有补救的机会吗？如果有，你可以做些什么？"（挖掘资源）

肖同学："还有一次补考的机会，这次我可不能再掉以轻心了，要好好备考才行。"

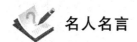 **名人名言**

"如果有人倾听你，不对你评头论足，不替你担惊受怕，也不想改变你，那该有多美好。"

——美国心理学家 卡尔·罗杰斯

3．倾听的技术

（1）情感反应

情感反应是指助人者把求助者语言与非语言行为中包含的情感整理后，反馈给求助者。情感反应可以协助求助者觉察、接纳自己的感觉；促使求助者重新拥有自己的感觉；使助人者进一步正确地了解求助者，或使求助者更了解自己；有助于建立良好的咨询关系。例如：

杨同学："我很讨厌现在的专业，但是如果退学回家我又不知道自己可以干什么。我很苦恼，不知怎么办好？"

心理委员："一方面你想退学，一方面你又担心退学后的去向，你心里很痛苦，也很茫然，是这样吗？"

（2）内容反应

内容反应是助人者把求助者的主要言谈、思想，加以综合整理后，再反馈给求助者，使求助者有机会再次来剖析自己的困扰，重新组合那些零散的事件和关系，深化谈话的内容。内容反应可以让求助者知道你听到了他所表达的信息，也可以让他进一步澄清自己的想法；可以鼓励求助者进一步阐述自己的想法，让话题更加深入；可以帮助求助者将注意力集中在某些事件上而不至于内容过于分散；而且可以防止求助者不断重复同一内容。例如：

杨同学："我现在压力真的很大，既要忙'挑战杯'，又要协助老师做好助学工作，还要当好助班，原来以为自己可以应付得来，现在事情一下涌过来，发现自己真的太难了。"

心理委员："我听了都感觉事情很多，而且样样都很重要，任务繁多，真的需要三头六臂才能完成的感觉。"

4. 倾听的非言语信息

助人者不仅要听懂求助者直接表达出来的内容，还要发现求助者的言语、表情、动作等行为透露出来的信息，以及求助者省略、没有表达出来的内容，或者隐含的意义，甚至是求助者自己都没有意识到的潜意识。

助人者要关注的非言语行为主要有目光接触、面部表情、身体姿势、语音语调、空间距离等。非言语行为能够提供许多言语不能直接提供的信息，而且更为真实。人的很多真情实感会不知不觉通过非言语行为表露出来。例如一位失恋者会说："我不想再见到他了。"但是却泪流满面、不能自已，可见依然留恋才是她的真实感受，而非她口中所言的"不想再见"。

助人者不仅要对求助者的非言语信息进行解读，还要通过自身的非言语行为向求助者表达出他对求助者的倾听。心理咨询大师吉拉德·伊根提炼了积极倾听的 5 个关键要素，形成了 SOLER 模型。遵照 SOLER 模型，助人者可以保持关注，向求助者传达有效信息。

（1）S（Sit straight）：坐或站的时候要面对求助者。向求助者传达"我和你同在"的信息，以及传递助人者在专注倾听的信息。助人者要让自己坐得更放松和舒适，这样注意力可以更聚焦在来访者身上，而不是自己身上。

（2）O（Open posture）：姿势要自然开放。手脚的交叉常常传递自我保护、封闭、拒绝的信息；而开放的姿态可以传达开放、接纳、关注的信号。

（3）L（Lean forward）：身体微微前倾。适度的前倾有利于让倾听显得更友善，表现出更密切的关注。但也要注意适度，过分接近求助者，也会让人感觉不舒服、有压迫感。

（4）E（Eye contact）：保持良好的目光接触。目光接触是展现你在倾听求助者的良好方式，这代表着你正全身心地关注他。通过保持目光接触，助人者向求助者传递着这样的信息：你所说的都是有价值的、值得被倾听的。当然，可以偶尔将目光移向他处，不要给对方一直盯着他的感觉，但目光转移不要太过频繁。

（5）R（Relax）：放松。助人者的轻松自然也会为求助者树立榜样，让其感觉轻松自然，让氛围更加令人愉快放松。

二、共情

 错误示例

肖同学："我和社团团长又吵架了。"

心理委员伟杰："怎么了？"

肖同学："我的方案又被他否了，已经第几次了，什么时候是个头？他觉得我应该专注做宣传，但是我真的很喜欢方案策划。"

心理委员伟杰："做宣传挺好的，多锻炼能力，我觉得他有一定道理。当社团团长不容易，你也试着理解理解他。"

肖同学："算了，不谈这个了。"

分析：

心理委员伟杰只是站在自己的角度去体验求助者内心的世界，对肖同学内心的痛苦视而不见，没有办法理解对方的感受，没有对肖同学内心的烦躁和生气做出回应。肖同学感觉自己不被理解，也就没有

倾诉下去的欲望了。伟杰还要多修炼自己的共情能力。

共情是谈话过程中助人者对求助者内心世界的理解和体验，又称为同感、同理心。助人者要通过求助者的言行，深入对方内心去体验他的情感与思维，领悟其思想、观念和情感，从而达到对求助者境况的准确理解。助人者还要借助咨询技巧把自己对当事人内心体验的理解准确地传达给对方。助人者还要引导求助者对其感受、体验作进一步的思考，影响对方并取得反馈。

正确示例

肖同学："我和社团团长又吵架了。"

心理委员伟杰："发生什么事了？"

肖同学："我的方案又被他否了，已经第几次了，什么时候是个头？他觉得我应该专注做宣传，但是我真的很喜欢方案策划。"

心理委员伟杰："一次次方案被否，肯定很难受吧？"

肖同学："是呀是呀，他完全不考虑我做方案的辛苦，真的很烦人。"

心理委员伟杰："自己喜欢、付出心血的内容被否定，确实挺让人烦心的。"

肖同学："就是呀，凭什么就是他一言堂！"

心理委员伟杰："似乎他的行为让你感觉很愤慨，但是你这么愤慨也解决不了问题，反而让两人关系更僵。"

肖同学："也是，看来我需要找他好好谈一谈，而不是每次跟他吵得面红耳赤。"

心理委员伟杰："你有这种想法很好啊，沟通比吵架要好多了。"

肖同学："跟你说一说，我感觉好多了，谢谢你！"

分析：

伟杰一次次站在肖同学的立场上描绘出肖同学的情绪，让肖同学在别的地方碰壁的心在这里得到抱持，瞬间让肖同学感觉到了理解和支持，谈话比之前温暖多了，接受意见也变得更为容易，最终可以做出有效的改变。

三、提问

1．开放式提问

开放式提问是谈话中经常使用的一种技术，是指提出比较概括、广泛、范围较大的问题，对回答的内容限制不严格，给对方以充分自由发挥的余地。开放式问题常常运用包括"什么""怎么""为什么"等词在内的语句发问，让求助者对有关的问题、事件给予较为详细的反应，而不是仅仅以"是"或"不是"等几个简单的词来回答。这样的问题是引起对方话题的一种方式，使对方能更多地讲出有关情况、想法、情绪等。例如：

"你最近怎么了？"

"发生了什么事？你是怎么应对的呢？"

"对这件事情你是怎么看的？"

"你觉得他这么做有什么原因呢？"

2．封闭式提问

封闭式提问是指助人者提出的问题带有预设的答案，求助者的回答不需要展开，从而使助人者可以明确某些问题。封闭式提问一般在明确问题时使用，用来澄清事实，获取重点，缩小讨论范围，使谈话集中在某些特殊的领域。封闭式提问还可以帮助助人者将一些偏离的话题引回正题。例如："你觉得非常生气，是因为你感觉对方不够重视你吗？"但是封闭式提问不宜过多使用，以免求助者的自我表达意愿和积极性受到压抑，产生被讯问的感觉。通常把封闭性提问与开放性提问结合起来，效果会更好。

四、具体化

具体化是助人者协助求助者清楚、准确地表述观点和概念，以及他们所体验到的情感和所经历的事情。当求助者叙述的问题模糊不清、用的词语过于笼统和模糊、陈诉的内容过于概括化、存在认知偏差、概念不清的时候，助人者可以使用具体化技术进行澄清。具体化技术不仅可以帮助助人者了解信息，也可以帮助求助者自己发现问题和解决问题。

 **正确示例**

陶同学："我最近真的好烦呀，好想死。"

心理委员晓芳："你最近遇到什么事情了吗？"

陶同学："我男朋友一点都不体贴，有时让人好气。"

心理委员晓芳："看来你的烦恼跟男朋友有关。你能不能说得再具体一点，他怎么不体贴了？"

陶同学："你看别的男朋友都会送女朋友到宿舍门口，可是他不是，一个人回宿舍被同学看到好没面子。"

心理委员晓芳："他总是不送你吗？还是偶尔不送？他不送你有说什么原因吗？

陶同学："也不是总不送，就是有时刚好碰上别人有急事找他，他就没送了。但上次刚好被我舍友看到。"

分析：

如果晓芳没有一步步进行具体化，可能会被陶同学的言语吓到，也会被陶同学以偏概全的信息所带偏，就难以发现陶同学将问题扩大化以至于情绪不好的问题了。

五、自我暴露

自我暴露是助人者向求助者表露自己一些隐私的信息，以达到拉近两人距离、为求助者提供一定有启发性建议的目的。助人者可以通过讲出自己的感觉、经验、情感和行为，与求助者共同分担，以增加彼此的人际互动。

自我暴露可以让求助者感到助人者对自己的信任，让求助者感觉自己不是唯一遇到问题的人，拉近两人距离，从而让求助者更乐于接受助人者的帮助；当助人者讲述与求助者类似的经验时，可以对求助者起到示范和启发作用；当谈话难以推进的时候，使用自我暴露可以使咨询过程出现转机。自我暴露不宜过多，次数也不宜过于频繁。而且助人者不能为了满足自己的倾诉需求而进行自我暴露，要选择适合推进谈话的内容进行暴露。

第三节 资源取向的朋辈心理咨询问句

 **名人名言**

"语言并不是像镜子般反映自然，而是创造我们所知的自然。"

——美国心理学研究者 古理施安和安德森

后现代建构主义心理学派认为，我们的世界是由语言建构的。通过资源取向的问句可以引领求助者将目光由问题本身转向问题解决，促使求助者发生有建设性的改变。资源取向的助人者可以通过语言对求助者的积极面予以关注，从而使其拥有更客观的自我形象、正向的价值观和积极的人生态度。

一、焦点解决短期咨询经典问句

该技术是以寻找解决问题的方法为核心的短程心理治疗技术，是20世纪80年代初期由 Steve de Shazer 等人共同发展起来的。该方法的咨询过程比较简单，对于较复杂或者长期的心理障碍问题不能很好地解决，但是对于一般性心理问题，焦点解决短期咨询能比较有效和快捷地给予处理。

其咨询的基本主张是：以正向、朝向目标和问题解决的积极观点，鼓励并塑造来访者积极地自我应验预言，从而创造改变的可能性；与传统咨询方法不同，焦点解决短期治疗不局限于探讨问题的根源，该疗法坚信来访者之所以会有困扰，并非因为他们有问题，而是因为他们解决问题的方法不当；"问题症状"同样有正向功能；来访者和咨询师是合作互动的关系，来访者才是解决自身问题的专家；强调实践性和可操作性，帮助来访者寻找成功经验，从小步的改变做起以促使来访者的困扰逐步减轻；强调小改变，小的目标可以带动来访者解决行动的信心与动机，从而带来小改变的持续发生；凡事都有例外，有例外就能解决。

焦点解决短期治疗的主要技术有一般化技术、预设询问、奇迹询问、等级式询问、例外询问、关系询问、应对询问、鼓励和赞许等。例如：

（1）"看来你目前遇到了一些困难，那你希望达到的目标或者结果是什么呢？"（目标问句）

（2）"如果你的情况有所改进，你觉得那一刻是什么样子的？"（预设询问）

（3）"如果有奇迹发生，一觉醒来你的问题凭空消失了，那时的你是什么样子的？"（奇迹询问）

（4）"如果用 1 代表最糟，10 代表最好，你目前的情况可以打多少分？你希望可以进步到几分？"（等级式询问）

（5）"你说你和父母的关系很不好，那有好的时候吗？什么时候你们的相处是比较和谐的？"（例外询问）

（6）"在恋爱中付出真心的人在失恋后都会经历一段比较痛苦的阶段，这个时候的心情常常是比较糟糕的，你的这些感受在失恋者身上是比较常见的。"（一般化技术/正常化）

（7）"你在罹患抑郁症的情况下还能坚持上课，没有一节课落下，这已经很不容易了。"（鼓励和赞许）

（8）"如果你的问题真的解决了，你身边人会有什么反应？"（关系询问）

（9）"很多人面对你这样的难题可能早就放弃了，你是怎么坚持下来的？"（应对询问）

二、叙事疗法经典问句

澳大利亚临床心理学家麦克·怀特及新西兰的大卫·爱普斯顿在20 世纪 80 年代就提出了叙事疗法，20 世纪 90 年代他们的图书在北美发行后，叙事疗法开始大为流行，很多叙事疗法的爱好者都为这一理论所折服和感动。叙事疗法的问句很有力量，可以帮助挖掘求助者的资源和潜能，属于资源取向的咨询技术，对于心理委员来说也比较容易掌握和使用。

所谓叙事疗法，是助人者运用恰当的方法，帮助求助者在故事主线（问题）中找出故事支线（遗漏片段），以唤起求助者内在力量进而发生改变的过程。叙事疗法主要通过建构故事和倾听他人的故事来进行工作。

叙事疗法摆脱了传统上将人看作问题的治疗观念，透过"故事叙说""说出渴望""挖掘资源""寻找独特事件""多元角度""问题外化"等方法，将焦点放在求助者曾经的努力或者内在的知识和力量上，引导求助者走出自己的困境，使其变得更自主、更有动力。

提问是叙事疗法的核心，心理委员可以掌握以下常用的问句，并不断练习。

（1）"你说你和舍友相处不太好，能给我举个你们互动的例子吗？"（故事叙说）

（2）"我看到你刚才眼睛红了，能说说你想到什么事情了吗？"（故事叙说）

（3）"是什么让你如此愤怒？"（说出渴望）

（4）"你对男朋友感到如此失望，其实你希望他如何对待你？"（说出渴望）

（5）"你的期待是什么？"（说出渴望）

（6）"畅想十年后的你：那时你在做什么？过着怎样的生活？和谁在一起？"（说出渴望）

（7）"这次疫情给你带来这么大的改变，如果可以从这次疫情当中学到什么，你觉得会是什么？"（挖掘资源）

（8）"如果要感谢这个突如其来的问题，你会感谢什么？"（挖掘资源）

（9）"你是怎么做到的？"（挖掘资源）

（10）"是什么一直让你坚持到现在？"（挖掘资源）

（11）"有没有什么人是你特别想感谢的？"（挖掘资源）

（12）"你现在很难集中注意力，那有没有很专注的时候？"（寻找独特事件）

（13）"什么时候你会感觉心情没那么低落，有力气和兴趣去做事情？那时候发生了什么？"（寻找独特事件）

（14）"回顾你和这位舍友相处的时光，有没有一些相处和谐、感觉美好的片段？"（寻找独特事件）

（15）"如果你有一位特别崇拜的偶像，他现在来到你的面前，你觉得他会就这个事件跟你说些什么？"（多元角度）

（16）"为什么这个人会看到你这些好的特点？"（多元角度）

（17）"如果可以对小时候的你说一句话，你会说什么？"（多元角度）

（18）"如果你的焦虑会说话，你觉得它会对你说什么？"（问题外化）

（19）"如果给你的不开心取个名字，你会叫它什么？它想告诉你什么？"（问题外化）

第四节　朋辈心理咨询实例

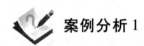

案例分析1

焦点解决短期咨询对大学生表亲辅导的案例报告

第一次谈话：2017年4月19日，60分钟

目的：

（1）了解来访者的基本情况，建立良好的关系；

（2）与来访者共同商讨和确立谈话目标。

方法：

焦点解决短期咨询。

过程：

在谈话的开始，心理委员会允许来访者陈述自己的问题，并给予足够的共情。但是由于本案例采取焦点解决短期咨询技术，因此不会针对来访者问题形成的原因作过多纠缠，而是致力于帮助来访者发现改变目标。例如：

来访者：我爸爸刚刚去世了，我特别不能接受，心里常常会想起他，有时忍不住就会哭。还有父亲一走，家里很多事情都要处理，感觉自己也帮不上忙，心里很乱。有时睡得也不太好，上课会走神。

心理委员：听起来你现在处于特别艰难的一个时刻。（共情）父亲是什么时候去世的呢？因为什么原因去世的呢？

来访者：3 月底去世的，是胃癌，特别突然。从确诊到我爸爸走才一个月。因为怕耽误我学习，也怕医院有太多病菌，爸爸不怎么让我过去看他。后来我感冒了，怕传染给他，就没怎么去看他了。他的病情一直还算平稳，后来突然病危，医生说治不好了，还是接回家吧。结果才接回家一天，我爸爸就不行了。他生病的时候我陪他太少了，也没照顾他，我特别特别后悔，我应该多去看他，多陪陪他的。

心理委员：父亲走得很突然，你没有太大的心理准备，而且感觉自己因为各种原因没有多陪伴照顾爸爸，心里很自责，对吗？（共情）

来访者：对。

心理委员：我非常能理解你的这种心情。我也曾经经历同样的事情，在父亲去世前我刚好在国外，没有在床前尽孝，当时确实感觉很遗憾和自责。（自我暴露）但是我们想象一下，假设父亲还能跟我们对话，他会责怪我们吗？他会怎么说？（关系询问）

来访者：他肯定不会怪我的，他会说没关系的。

心理委员：我能感受到爸爸很爱你，不舍得你去医院陪，也不舍得你自责。

来访者：我特别不能接受他离开我们。我现在回家，看到一件东西就会想起以前发生的事情，想起跟爸爸相处的画面。在学校也会这样，上课也是，会走神。有时一个人的时候就想哭，学习也学不进去。

心理委员：在遭遇类似丧失亲人等重大事件后，人们常常会有否认、自责、难过等情绪，有些人还有一些画面会经常在脑海闪现，这些都是正常的（一般化）。这些现象会随着时间的流逝慢慢减少，要给自己一些时间。

来访者：我还特别担心我妈妈，现在一大摊子事都要她管。还有我哥哥，他申请了延迟毕业，也不考博士了。我很担心他们，但是又不知道如何去帮他们。

心理委员：你还很年轻就遭遇了至亲的离世，这应该是非常艰难的时刻，但是你还能考虑到家人和其他人的感受，能做到这点实在很可贵。（鼓励和欣赏）

来访者：应该是受我父亲的影响，我父亲就是个家庭观念很重的人。

心理委员：我关注到你花了很多的心思在家人的身上，担心妈妈、担心哥哥、担心伯伯……但是关注自己的内心，关爱自己，感受自己的情绪也是很重要的，你觉得呢？

来访者：（思考性沉默）我以前没想过这个问题。

心理委员：那面对目前的状况，你想要改变的是什么？（预设询问）

来访者：可以慢慢平复心情，集中精神学习。

心理委员：如果我们用0~10来表示我们难过的程度，0为完全不难过，10为非常非常难过，是最糟糕的情况，你会为自己的情绪打多少分？（等级式询问）

来访者：父亲刚去世的时候是10，现在是8。

心理委员：原来是10，现在是8，发生了什么，使得难过程度的数值有所减少了？（应对询问）

来访者：跟别人聊聊天，听听音乐，找些事情做，待在人多的地方。

心理委员：很好。那你下次过来，希望自己的分数可以在几分？

来访者：6分吧。

心理委员：好的，那我给你布置一个家庭作业，回去仔细观察记录一下自己做了些什么事后情绪会好一点，看看自己的表现如何，好吗？（家庭作业）

第二次谈话：2017 年 4 月 26 日，60 分钟

目的：

（1）进一步明确谈话目标；

（2）正向架构，探索例外，帮助来访者回忆过去的成功经验；

（3）帮助来访者展望未来，找到努力的方向。

方法：

焦点解决短期咨询和投射卡技术。

过程：

心理委员：你上次谈到独自一人的时候会比较难过，什么时候你感觉自己的情绪会好一点？（例外询问，帮助来访者寻求成功经验，提高解决问题的自信）

来访者：上课的时候，或者跟别人在一起的时候。

心理委员：想象一下，有一个水晶球，可以帮你明天醒来，你的问题已经解决了，你的烦恼消失了，你的同学或者家人，第一个注意到你的变化是什么？（奇迹询问）

来访者：同学会看到我不再一个人待着了，开始主动说话了，甚至参加集体活动了。

珍爱卡的使用：

心理委员：请你带着目前困扰自己的问题，从洗好的牌里面选择一张。

来访者：（选牌、看牌，选到的是"迎向未知"）

心理委员：请仔细观看牌上的图和文字，你看到了什么？想到了什么？留意脑海中浮现的任何想法和话语。

来访者：这有点像我，有时想把自己关在房间里，但是感觉自己应该走出去。虽然不知道外面等待我的是什么。

心理委员：请你再抽一张牌，这张牌代表你的问题可以朝哪个方向去解决，所需要的建议是什么。

来访者：（选牌、看牌，选到的牌是"爱自己"）

心理委员：请仔细观看牌上的图和文字，你看到了什么？想到了什么？留意脑海中浮现的任何想法和话语。

来访者：爱自己，也许我要更多关爱一下自己，然后才更有力量

去帮助别人。这应该也是爸爸希望我该有的状态。

心理委员：很好。听起来你对未来有很好的展望，相信这些展望可以帮助我们在面对生活时更有信心和力量。

第三次谈话：2017年5月4日，60分钟

目的：

反馈结果，分享成功经验，巩固谈话效果。

方法：

焦点解决短期咨询。

过程：

心理委员：还是用0—10来代表你的情绪状态，你会用哪个数字来代表你现在的状态？（等级式询问）

来访者：3或者4。

心理委员：那就是说消极情绪又减少了。看来你做了很多改变，真的为你感到高兴！（鼓励和欣赏）能说一说你都是怎么做的吗？

来访者：我尽量不让自己一个人待着，有时跟妈妈谈谈心，或者跟比较好的同学聊一聊，即使不想聊天的时候听听别人聊或者走一走也是好的。另外我请了伯母过来陪我妈妈，开导一下她，我心里也不用那么担心了。

结语：在本案例中，心理委员与来访者充分共情，建立良好的关系后，根据来访者的情况使用了焦点解决短期咨询法来帮助来访者，充分运用了相关技术。此外，将珍爱卡与焦点解决短期咨询结合运用，效果良好。两种技术都可以有效激发来访者对未来的展望，引发来访者生活的意义感，具有正向构建的作用。

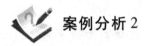 **案例分析2**

大学生情感问题的朋辈咨询案例

（作者王紫琳，作品荣获2016年广东省高校个体咨询技能比赛三等奖）

第一次谈话

来访者：你好！

心理委员：秀娜，你好！很感谢你对我的信任。谈话前我先说明一下，除了个别极端情况，我们谈话的内容是严格保密的。（保密原则）今天，你想跟我谈什么呢？

来访者：我一直很困扰，为什么我到最后都会失去朋友，失去一切。我现在好无助。

心理委员：这样的状况持续多长时间了呢？（具体化）

来访者：大概半个月了。我很为自己担心，但真的很想得到帮助，不想自己继续陷下去。

心理委员：嗯，你能详细讲讲你的情况吗？（具体化）

来访者：轻微的状况是从高中开始的。那时候父母离婚，因为父亲在外面有了家庭和孩子。我一直忍受着这样的痛苦。上了大学之后，我遇到了我的第一任男友，后来我们分手了，那时我的情况还没有恶化。直到我遇到了第二任男友，他很帅，我很喜欢他，他也接受了我的追求。我对他那么好，但是到最后他还是把我甩了。我们在同一个班，我觉得很压抑，因为在分手前几天他还要带我去开房什么的，但我还是坚持了自己的底线。现在，我又和另外一个男生关系很好，他对我像家人一样好。我们一直没有确定关系。他最近有了女朋友之后就完全不理我了，很绝情。我很不想看到他们，却必须天天见面。结果就导致了现在极度自卑和不自信还有愤怒的忍耐。

心理委员：嗯，那你尝试过用什么方法帮助自己吗？（开放式提问）

来访者：我以为自己学会打扮，努力读书会有好转。但不是，就算我成绩全班第一，我想要的还是得不到。我压力很大。

心理委员：你觉得你的压力来自于哪方面？（开放式提问）

来访者：家庭方面，我要照顾我的妈妈，因为她为我牺牲了很多。我必须照顾她，不然我就是不孝顺。学习方面，我爸爸要我出国读研究生，因为我的本科院校很一般。我的人际交往能力很差，我不知道该如何适应这个社会，这让我很担心。但读书方面还好，只要人际关系处理好了，我就可以专心学习了。

心理委员：你列举了很多的问题，我感觉你快被压得喘不过气了。（共情）

来访者：对啊，我觉得我快死了！

心理委员：你是否感觉这些事情每天在你的脑子不停翻转，但是都无法解决，无法解脱呢？（共情）

来访者：对啊，简直受不了，不知道怎么办。

心理委员：想哭吗？会经常哭吗？

来访者：想哭啊，但哭没有用。以前会经常哭，现在哭不出来，太压抑了，无处宣泄。

心理委员：秀娜，别着急。再多的问题也要一个一个解决。现在我们一起来把你要面对的事情做一个最简单的处理。

来访者：好的。

心理委员：上大学之前，出现了一个重要事件，就是你的家庭出现了变故。这个变故对你的情感造成了打击。（内容反应）

来访者：对的，我觉得这也是让我每段感情不顺利的原因。

心理委员：嗯。在上了大学之后，你经历了几段感情，都不顺利。乃至在平时跟人相处和交往过程中，似乎都出现了问题。（内容反应）

来访者：是的。

心理委员：而人际交往问题的出现，影响了生活和学习等其他方面，所有事情都在逼你往前走，但你似乎并没有心思做好任意一件事情。因此，你感到很着急，但你就是启动不了自己，是吗？（情感反应）

来访者：就是这样，不知道该如何是好。

心理委员：这样梳理下来，有两个关键点：第一，你是一个很敏感，对感情有强烈需求，同时又有着强烈不安全感的女生。这和你之前的家庭变故有关。第二，就是很多问题之所以会成为问题，并不是因为你的能力不足，而是因为你被情绪和人际的问题困扰了，导致你无法专注于学业以及其他方面。（总结）

来访者：是的，怎么办？

心理委员：别着急，办法总是有的，但是我们要一步一步来，现在已经比开始时要清晰一些了，是不是？

来访者：是的。

心理委员：因为时间关系，那今天的谈话先到这里。我们下次见！

第二次谈话

心理委员：秀娜同学，你好！这周过得还好吗？

来访者：默茉，你好。这个星期我过得一点都不好。

心理委员：怎么不好，能具体说说吗？

来访者：我的朋友无缘无故生我的气，怎样都不肯理我。我想不明白，为什么有些人可以把我从当成好朋友到远离我。不知道从什么时候开始，我就成了这么让人讨厌无视的人。

心理委员：为何你觉得是无缘无故的？（开放性问句）

来访者：就是很小的一件事情。我跟她玩的时候，她力气太大了，碰到我劳损的肩膀。我很痛，就冲她发了一下脾气。她就生气了，再也不理我。我怎么解释，她都不理我。她让我觉得，我很在乎我的朋友，但其实我在他们眼里什么都不是。

心理委员：你觉得你很在乎他们。（内容反应）

来访者：在乎啊，要不然我怎么会这么不开心。

心理委员：你更在乎的是他们在不在乎你，在乎自己是不是在他们眼里什么都不是，对吗？（面质）

来访者：是。

心理委员：那这个过程里面，你感觉有顾及他们的感受吗？（面质）

来访者：没有。

心理委员：听起来似乎大家都差不多。

来访者：但是我不想自己不开心，我也有为别人付出啊，但是别人把我利用完了，就不理我了，到头来别人只是把我当成傻子一样利用。他们从来不会关心我，所以现在我也不想为他们付出了。

心理委员：当你在付出的时候，你是在用心去付出，还是用计较去付出？

来访者：想不出来，不知道。

心理委员：你再认真想一想。

来访者：我很害怕一个人，觉得一个人去做任何事情都显得很可怜。我很想抓住一个人陪我，我会对他很好，他也能给我安全感。我知道这个想法很自私。以前一有什么事情，我就跟那个男生朋友吐苦水。他也会一直倾听我、帮助我。现在他找到了女朋友，我也就失去了这个朋友，一下子生活就乱了。

心理委员：听起来你很依赖这位男生。但似乎你总是从外界获取力量，却忽略了自己本身所具有的力量。你觉得我说的，跟你的情况相符吗？（内容反应）

来访者：嗯，还挺相符的。我应该怎么办？怎样让自己变得有力量？

心理委员：也像是吸血鬼和人类。一个是只能靠吸别人的血生存，因此人人都怕它，躲着它。而正常的人类，是有正常的造血功能的。你觉得自己的造血功能如何？

来访者：很弱。我不知道该怎么让自己有造血功能。

心理委员：在人际交往中有一个黄金法则，就是我们希望别人如何对待我们，我们首先要如何对待别人。（心理健康教育）

来访者：就是我希望别人关心我，我首先要去关心别人。是这个意思吗？

心理委员：是的。

来访者：我想要别人对我好，我就得先去对别人好，是吗？但万一，最后的结果还是一样呢？

心理委员：你还没有试过，就已经开始担心了。但如果我们一直不迈出这一步，结果又会怎样？

来访者：好，那我尝试一下，看会有什么变化。

心理委员：你需要至少坚持 21 天，才可能开始有质的变化。

来访者：好吧，这样真痛苦。

心理委员：这个世界上没有不痛苦的成长和改变。

来访者：好，我知道了，我会努力在生活中实践的。

心理委员：嗯，希望下次见面能看到你的进步！（鼓励）我们这次谈话先到这里，再见。

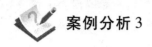 **案例分析** 3

怕男生的小姑娘

（作者黄颖仪，作品荣获 2017 年广东技术师范大学个体咨询技能比赛一等奖）

心理委员：晓萍，是这样子的，除了个别情况，我们之间所有交谈内容都是严格保密的。（保密原则）

来访者：好的，我明白了。

心理委员：晓萍您好，请问您想在哪方面得到帮助呢？

来访者：我觉得我的人际关系有点问题。

心理委员：能具体跟我谈谈是什么事情吗？（具体化）

来访者：（深呼吸）其实，我觉得我跟男生相处有点问题，我不知道怎么说。

心理委员：那你能具体说说跟某个男生之间发生的事情吗？（具体化）

来访者：是这样子的，比如说我跟一个踢毽球的男生玩得挺好的，我们俩玩得很开心，可是一段时间之后，不知道为什么当我觉得我对他产生某种依赖之后，我感觉到有什么不对劲了。我不喜欢这种感觉，很奇怪。这让我很不舒服，后来我们很少在一起玩了。这同样让我不开心。

心理委员：你原本有跟你玩得很好的男生，突然有一天，你发现你对他有依赖了，所以有所回避，但是回避的同时你也觉得很不自在，所以你现在的心情很矛盾，很焦虑。（共情）

来访者：是的。我不想跟他有任何的依赖关系，我不喜欢这种感觉。

心理委员：嗯，晓萍，我能够理解你现在的这种矛盾和焦虑的心情。那这个男生有没有做什么让你觉得很不舒服的事情吗？（具体化）

来访者：其实他挺好的，也没有做什么让我觉得不舒服的事情。就是之前某天，我突然听见有人在说我跟他的关系不正常的时候，我就开始想这件事情了，越想我就觉得越不对劲，感觉我们两个真的关系很好，我觉得我对他有点依赖，我很害怕。

心理委员：能说说你具体害怕的是什么吗？

来访者：产生依赖之后，我就开始害怕了，我害怕我跟他之前的关系会进一步发展，我不知道我能不能处理好我们的关系。

心理委员：我猜想你现在是有一种不相信自己也不相信对方能够一起维护好这段关系的感觉。

来访者：对的。

心理委员：晓萍，这种害怕依赖关系的情况是什么时候出现的？（摄入性询问）

来访者：好像一直都这样，从初中开始。

心理委员：那对同性也会有这种害怕的感觉吗？（摄入性询问）

来访者：没有。

心理委员：晓萍，你能否允许我问一下关于你父亲的事情。（摄入性询问）

来访者：可以。

心理委员：你跟你的父亲关系怎样？

来访者：爸爸从小就不在身边，印象不是很深。后来爸爸去天津工作了，见面机会更加少了。所以生活中有没有爸爸对我来说其实没什么关系。

心理委员：那之前你爸爸在你身边的时候，有没有发生过什么事情让你印象特别深刻？

来访者：记得春节的时候在家乡过年，大厅里面很多人，大部分是亲戚。爸爸当着大家的面问我："晓萍，家里的3000块钱是你拿的吗？"我当时就愣住了，我说："没有。"那个时候心里特别难受，我强忍着，没哭，一直忍着。很难受。

心理委员：（递纸巾）你爸爸说你偷了他的钱，还当着很多人的面说你，而事实上你没有，你觉得你被冤枉了，被不信任了，所以你很难过、很难受。（内容反应）

来访者：（深呼吸，缓和心情，点点头）

心理委员：面对父亲对你不信任的指责，你当时是什么感受呢？（具体化）

来访者：当时特别不舒服，很难受，我几乎不能说话，我怕自己一说话就会忍不住哭出来，所以我一直默默地看着电视，可我根本看不下去。我只是一直忍着不说话。

心理委员：嗯，被自己的父亲冤枉的确是一件很难过的事情，记得我曾经也有过这样的经历。

来访者：你也有？

心理委员：嗯，还记得那时候我还是个小学生，当时就爱玩，整天在外面和邻居家的小孩子玩耍。有一天，我回到家，我母亲就很大声地质问我，你是不是欺负隔壁家的孩子了，还抢别人的玩具？当时我听了之后很委屈，因为我的确没有做过这件事。（自我暴露）

来访者：对啊，当时真是觉得非常委屈，我也不知道说什么好，也就继续默默一个人看着电视，不说话。

心理委员：晓萍，我猜想这件事情很有可能是影响你现在人际交往问题的原因。

来访者：怎么说？

心理委员：我猜想，父女关系出现了裂痕，让你无法形成本该有的安全感。造成了你现在对一段异性关系感到害怕和恐慌，你不相信自己能够解决好，同时你也不相信你的异性朋友会跟你一起处理好这段感情。

来访者：那我应该怎么办？

心理委员：晓萍，我们今天的谈话时间差不多结束了，我们每次谈话大概50分钟，而且解决问题需要一个长期的过程，不是一两次就能解决的。现在我们也大致发现了你的问题产生的原因，关于后期的谈话我们再约时间。

来访者：好的，谢谢您！

第五节　拓展训练

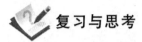 **复习与思考**

1. 朋辈心理咨询的原则是什么？
2. 什么是保密例外？
3. 朋辈心理咨询的技巧有哪些？
4. 你能想到哪些资源取向的问句？

 **拓展练习**

把自己和求助者的一部分对话逐字逐句打成文字，给自己的问话或回应标注上朋辈心理咨询的相关理念和技巧，并仔细观察求助者听完问话或回应的反应。看看自己的哪句问话或回应用得比较好，哪句需要做出修正，如何修正。

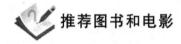 **推荐图书和电影**

1. 《安慰的艺术》

你是否有过想要安慰别人却不知道说些什么才好的窘境？南希·格尔马丁编著的这本《安慰的艺术》将提供一些指导方针，帮你架起沟通的桥梁，让你更容易表达出自己的关切。当你想要安慰别人但又不确定说什么或如何去做时，本书内有关安慰艺术的指导，可以助你一臂之力。

2. 《心灵捕手》

《心灵捕手》（Good Will Hunting）是一部励志剧情电影。影片由格斯·范·桑特执导，罗宾·威廉姆斯、马特·达蒙等主演。影片讲述了一个名叫威尔（Will Hunting）的麻省理工学院的清洁工的故事。威尔在数学方面有着过人天赋，却是个叛逆的问题少年，在教授蓝勃、心理学家桑恩和朋友查克的帮助下，威尔最终把心灵打开，消除了人际隔阂，并找回了自我和爱情。心理学爱好者可以把这当成一部优秀的心理咨询题材影片来进行观摩学习。

 活动

倾 听 反 馈 练 习

一、活动目的

1. 通过练习提升助人者的倾听能力。
2. 通过练习增强助人者捕捉核心信息的能力。

二、活动时间

大约 20 分钟。

三、活动道具

两把椅子。

四、活动场地

室内室外皆可。

五、活动程序

1. 三人为一组，A 为倾诉者，B 为聆听者，C 为观察者，角色轮换进行。

2. A 选择一个主题进行倾诉，B 在 A 倾诉结束后对内容重点进行总结并反馈给 A，如果 A 觉得反馈没有完全贴合自己所想，则让 B 重新总结并反馈。

3. 如果 A 感觉 B 所说重点完全贴合自己内心所想，则说"过"。C 对整个过程进行观察并总结。

4．轮换角色进行下一轮活动。

六、注意事项

1．A 所倾诉的内容长度控制在 2 分钟以内。

2．A 不需要觉得 B 反馈的内容重点差不多就说"过"，务必让 B 练习到准确为止。

3．在 B 没有完全正确反馈之前，A 不需要就哪里说得不到位进行解释。

第五章

心理委员如何组织和开展班级心理健康教育活动

 本章导读

　　相信大多心理委员热心助人，乐于为班级组织活动。但有些心理委员组织了几次活动后，发现同学们兴趣欠缺，一了解才发现同学们反映活动吸引力不强，心理元素太少了，收获也不大。不少新手心理委员都有此苦恼，想开展工作却不知道如何着手，开展了又感觉活动不伦不类，跟普通活动没有区别，或者同学们不感兴趣。久而久之，心理委员容易对工作产生怀疑，觉得工作没有意义和价值。要想举办同学们喜闻乐见、增进心理健康水平、促进班级和谐发展的活动，心理委员除了要花心思和时间，还需要掌握一些团体心理辅导的知识，以及对一些心理活动形式有所了解，才能打开思路，举办活动也更有自信。

　　在这一章，心理委员可以了解和掌握团体心理辅导的知识和技巧，也可以了解如何组织和开展丰富多彩的班级心理健康教育活动。本章中的各种活动方案示例心理委员可以在工作中直接使用，从而提高团体互助的效率和效果。

第一节　团体心理辅导相关知识

　　心理委员除了观察班里同学的心理状况，对个别同学进行心理帮扶，更重要的任务是要对全班同学进行心理健康知识和技能的宣传和普及，为班里同学提供集体活动的机会，促进班级形成和谐互助的氛围。所以班级心理委员除了掌握基本的朋辈心理咨询技巧，心理委员还需要掌握开展团体心理辅导的基本技术，扩大助人的范围和提高效率。

一、团体心理辅导概述

1．团体心理辅导的定义

团体心理辅导所指的团体是指有一定规模、成员在两人以上、成员彼此有互相的影响、有一定的共识以及有共同目标的群体。团体心理辅导是在团体的氛围下进行的一种心理辅导形式，通过小组内成员的相互影响，促使个人在交往中通过观察、学习、体验、认识自我、探讨自我、接纳自我，调整和改善与他人的关系，学习新的态度与行为方式，激发个体潜能，增强适应能力的助人过程。

2．团体心理辅导的特点

团体心理辅导跟一对一的朋辈心理咨询目标相似，都是为了帮助学生有更好的心理发展，都要求助人者掌握一定的助人技巧，有倾听、共情等能力。但是团体心理辅导除了带领者的作用，它还强调团体中的动力，也就是团体成员之间的互相作用；对于有着共同需求的成员而言，带领者一对多进行工作，效率较高；团体犹如一个微型社会，除了大家可以互相聆听和彼此学习，还可以在真实的人际环境中互动，有助于成员的人际技能向真实生活中迁移。

3．团体心理辅导的发展阶段

心理学家罗杰斯提出团体要经历一定的发展阶段，因而带领者要根据主题循序渐进设计系列活动。无论是系列活动还是单次活动，每次活动开始时都需要设置破冰活动，足够的热身热心之后，参与者才能真正融入活动当中。罗杰斯提出的团体发展阶段如下：

（1）自由活动（混乱、沮丧、茫然、安静、积极探索，希望带领者指引）；

（2）抗拒着个人的表达和探索（局促不安、不愿意表达自己、表面信息、交流少，自我防御高）；

（3）叙述以往的经验（不对当前感受作描述，交流增加，但质量不高）；

（4）表现消极的情感（负面的情绪指向带领者和其他成员，焦虑、防御）；

（5）表达和探索与个人有关的资料（开始提及个人的事，信任逐渐显现）；

（6）表达与其他成员相处的即时感受（表达对他人的感受，进一步表达，真诚）；

（7）团体发展出治疗能力（关心，了解和体谅，互助）；

（8）成员达到个人的自我接纳，也开始改变（放下防御和伪装，自我接纳）；

（9）打破伪装（关爱、诚实、信任和开放，互助程度进一步提高）；

（10）提供与接受反馈（提供有价值的建议，反馈和建议）；

（11）面质成员间彼此关心（澄清和处理矛盾，帮助积极面对问题，有建设性）；

（12）将帮助延伸到团体之外（团体之外也有交往）；

（13）发展出基本的真实关系（亲密、高度共情）；

（14）在团体内外做出行为改变（打开内心，体谅，改善人际，自我实现）。

4．团体心理辅导的团体规范

（1）尊重保密原则：带领者和团体成员在团体内外都要对涉及成员隐私的内容保密，为的是不要对团体成员造成伤害。

（2）不要攻击他人，不做伤害他人的事情，保证氛围温暖、安全。

（3）在进行小组活动时，大家不要做影响他人和活动的事，如接手机、手机没有静音、迟到、半途离开等。

（4）团体成员要投入，投入越多收获越多。

5．心理委员如何提高带领技术

（1）找机会多观摩心理老师、有经验的心理委员是如何带领班级活动的，学习他人的优点。

（2）积极参与心理委员相关课程的学习，阅读团体心理辅导相关图书，并学以致用。

（3）私下向前辈或同辈请教带领活动的细节和诀窍，并多加练习。

（4）多动脑，由模仿逐渐加入自己的思考，并做创新改变，形成适合个人风格的团辅方案。

二、班级团体心理辅导常用活动

（一）解手链（解开千千结）

目的：

（1）让参与者体会在解决团队问题方面都有什么步骤。

（2）体会聆听在沟通中的重要性。

（3）体会团队合作精神。

（4）发挥个人创造力和领导力。

程序：

（1）全班分成若干小组，首次开始以5人为一个小组，成功后逐渐增加每组人数。

（2）带领者让小组成员围圈站立。

（3）带领者说：先举起你的右手，握住对面那个人的左手；你的左手，握住另外一个人的右手。你们现在面对一个错综复杂的问题，在不松开手的情况下，想办法把这手链解开。

（4）告诉大家一定可以解开，但答案会有两种。一种是一个大圈，另外一种是两个套着的环。

（5）如果人太多，手链实在解不开，可以允许相邻两只手断开一次，但再次进行时必须马上封闭。

小组分享：

（1）开始解结是什么感觉？（困扰、不舒服、无从下手）

（2）如何解开的？（沟通、交流、积极参与、齐心协力、带领者出现）

（3）解开时有什么感觉？（开心、兴奋、关系加深）

（4）什么样的团队氛围容易成功？（彼此相信——能鼓励大家继续想办法；半信半疑——容易放弃）

（5）实在解不开有何其他处理方式？（放下、松开）

（二）抬人游戏

目的：

（1）活跃团队气氛，塑造团队活力。

（2）增强团队意识，感受团队的潜力和凝聚力。

（3）在不断的失败后获得胜利，让参与者能够认识自身潜能，增强自信心，提高个人素质。

程序：

（1）11个人为一组，成功之后可以尝试不断减少人数。

（2）1个人躺在桌子上充当被抬的志愿者，其他组员仅能使用一只手指，共同商量出把志愿者抬起的方法。

（3）抬起来后保持3秒以上为成功，要确保被抬志愿者的安全。

小组分享：

（1）抬不起来有何感觉？（挫败、冲突、烦躁）

（2）抬起来的关键是什么？（口号、团结、一起用力、带领者）

（3）抬起来后有什么感觉？（高峰体验、不可思议、喜悦、人有巨大的潜能）

（4）团队的发展过程。（磨合）

（三）天使行动

目的：

（1）营造互助互爱的班级氛围，增强凝聚力。

（2）感受助人和被关爱的幸福和快乐。

程序：

（1）在纸条上写下全班人的名字，折好放进箱子里每人抽一张（保证除了自己不能让任何人知道自己守护的对象）。

（2）在以后的一周里经常去关心所抽到的那名同学（例如匿名纸条留言、匿名送上贴心的小礼物等），使你守护的同学感受到你天使般善良的心。

小组分享：

（1）猜猜守护你的人是谁？

（2）谜底揭开时符合你的猜想吗？有何感受？

（3）守护和被守护的感觉分别是怎样的？

（4）以前有过这样守护或者被守护的经历吗？

（四）信任跌倒（信任圈）

目的：

（1）信任感的建立。

（2）团体氛围的培养。

程序：

（1）两人一组，两人相隔一臂距离，A 背对着 B 站立，A 双手胸前交叉抱住双臂，B 手掌对着 A 做好接的准备，A 身体直着慢慢往后倒下，B 手掌对着 A 的后背稳稳接住 A。

（2）6 人一组，5 人围圈站立，1 人站在圆圈中间，双手胸前交叉抱住双臂，闭上眼睛，在组员做好准备后往后舒适倒下，圆圈上的成员稳稳接住，再缓慢将其推回中间位置。大家柔和稳当地将中间成员接住和推回，使成员从紧张到放松。

小组分享：

（1）哪个环节印象最深？

（2）你能很舒服、安心地往后倒吗？为什么？

（3）信任是如何产生的？（安全、放松、享受当下）

（4）如何让他人对自己产生信任？（语言、动作）

（五）天使与魔鬼

目的：

（1）帮助参与者认清自我的内在冲突，看到自我积极的一面和消极的一面。

（2）帮助参与者借助外部的智慧来增加自己的内心积极力量，唤醒自己心中的巨人。

程序：

（1）每 3 人一组。

（2）分别用彩笔在纸上写上"凡人""天使""魔鬼"字样。

（3）带领者向同学们解释角色任务。"凡人"负责情绪——身为一个凡人可能遇到的困惑苦恼，尽量具体化，有情节、有内容，时间为 3

分钟；"魔鬼"第二个发言，负责给"凡人"的生活和心愿泼冷水，尽力打击凡人；"天使"最后发言，负责鼓励"凡人"，尽力让他感受到事情积极光明的一面。

（4）每一个小组中的3个人分别自愿担任角色，在规定时间内可以轮换角色。

（5）小组内角色轮换后，组内同学彼此握手，互相说"谢谢你给我的忠告！"

小组分享：

（1）在这三个角色中，你认为哪个角色最好扮演？你认为自己扮演的哪个角色最棒？

（2）想想看，在生活中，你自己是如何扮演自己的"天使"和"魔鬼"的？

（3）活动过程中有何收获？

（六）分组获球

目的：

（1）了解不同群体之间如何达到资源共享和合作共赢。

（2）感受完成任务过程中如何积极调整策略和心态。

程序：

（1）把全班同学分成4—5个小组，每组人数尽量均等。

（2）在教室中央放上60个小球，每组分一个呼啦圈，各占据一处地盘。

（3）计时1分钟开始，每组组员可以从教室中央或者其他组的呼啦圈里往自己组的呼啦圈里运球，不得发生身体接触或者碰撞，不允许争抢，运球进自己的呼啦圈内之后要立即松手。1分钟后计算每个小组呼啦圈内球的数量。

（4）第一回合结束后，带领者给各小组3分钟的时间进行调整和商议，看如何在1分钟内"使本小组呼啦圈内球的数量最大化"。接着开始下一回合，如此往复，直到有参与者发现把所有小组的呼啦圈重叠在一起才能保证各组获得的球的数量最大化。

小组分享：

（1）从第一回合到最后一个回合，发生了什么事？

（2）我们做了什么，可以让我们有这样的成绩？

（3）还观察到了什么？

（4）每个回合，大家的策略和做法分别是什么？

（5）刚刚发生的事，在实际工作或班级事务上，有没有可能发生？

（6）如何提升想象力和跳出框框，用资源共享、合作的认知模式代替旧有的认知和行为？

（七）盲人走路（被领导与领导）

目的：

（1）提高成员间人与人之间的信任感和敏感度。

（2）体会领导和被领导的感觉。

（3）促进成员之间的互动和了解。

程序：

（1）两人一组，A蒙上眼睛，由B带着走完规定路线。B不可以说话，不允许戏弄A，要确保A的安全。

（2）A、B任务互换。

小组分享：

（1）被带领的心情如何？是否满意带领者的方式？你的需求是否被满足？

（2）带领他人的心情如何？感觉自己带领得如何？是否察觉被带领者的需求？如何去满足被带领者的需求？

（3）在不能说话的情况下如何沟通？

（4）如何确保被带领者的安全？

（八）We are a team（我们是一个团队）

目的：

（1）提升团队合作能力，活跃氛围。

（2）体会如何在规定时间内能快速完成多项任务。

（3）增强成员完成任务的成就感和自信心。

程序：

（1）全班快速分为若干个小组。

（2）每组在6分钟之内要确定本组的队长、队名、队歌、队形和队标。

（3）6分钟结束后，每组按照完成先后顺序依次上台，全体成员以整齐划一的方式介绍本组的队长、队名、队歌、队形和队标。

小组分享：

（1）如何才能在短时间内完成小组任务？关键因素是什么？

（2）印象最深刻的是什么？有何收获？

（九）我的隐喻

目的：

（1）增强自我认识。

（2）促进班级同学的互相认识和了解。

（3）利用某种媒介自由表达自我，看出自我隐藏的人格特征。

程序：

（1）全班同学每人带一个可以代表自己的小物件。

（2）两人一组，向彼此介绍为何选择这一小物件代表自己，这个小物件有什么特点恰好是自己也具有的，这个小物件有什么故事？

（3）两人交换小物件，并分别寻找下一个伙伴，介绍小物件的主人是谁，他为何选择这一小物件来代表自己。

（4）不断重复上一程序。

全班分享：

（1）想象时有困难吗？

（2）是否抗拒想象？

（3）选择的物品代表着什么？每个特点有什么含义，是否能代表独特的你的特点？你是否喜欢这个物品？

（4）介绍别人的小物件和特点容易吗？

（5）你印象最深的是哪位同学的小物件？为什么？

（6）其他同学如何看待自己选的小物件？觉得小物件的特点和自己相似吗？

（十）别人眼中的自己

目的：

（1）促进自我了解，了解别人眼中的自己。

（2）促进彼此了解，拉近彼此距离。

程序：

（1）每人发若干便利贴，写上对某位同学的评价，先不让对方看到，直接贴到他的背上。

（2）全部评价贴完后，请人帮忙取下自己背后的便利贴，细细阅读别人给自己的评价。

全班分享：

（1）看到他人评价，有何感觉？

（2）他人评价是积极的多还是消极的多？

（3）他人评价主要侧重外在还是内在？

（4）"以人为镜可以知得失"，我以后会怎么做？

第二节　团体心理辅导方案

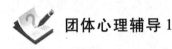 **团体心理辅导1**

新生团体心理辅导方案

一、主题

和谐人际，从宿舍开始

二、简介

团体心理辅导旨在"通过团体内的人际交互作用，促使个体在交往中通过观察、学习和体验，来认识自我、探讨自我并接纳自我，调整和改善与他人的关系，学习新的态度与行为方式，以发展良好适应的助人过程"。团体心理辅导运用于新生入学适应，是一种有效的教育手段。

三、目的和意义

1. 帮助新生尽快相识，减少孤独感，建立基本的信任和友谊。

2. 帮助新生形成新的态度和行为方式，从而更快、更好地适应大学生活。

3. 鼓励新生投入各种有意义的集体活动，培养他们对宿舍、班级和学校的归属感。

四、操作流程

（一）热身阶段（组长在此之前可以先做一下自我介绍）

游戏 1：大风吹（也可以选择其他能够调动气氛的热身游戏）

目的：

活跃现场气氛，让大家以一种轻松的心态进入接下来的主题团辅活动。

程序：

（1）宿舍同学围坐成圈，组长站在圈中。

（2）组长喊："大风吹"，其他同学问："吹什么？"

（3）组长喊："吹×××（比如穿裙子的人、戴眼镜的人、广东人等，需要至少两人符合该条件）。"

（4）符合条件的人包括圈中喊的人都必须离开原来的位置，找到新的座位坐下，没找到座位的同学站到圈中开始新的一轮"大风吹"，如此进行两到三轮。

游戏 2：萝卜蹲

目的：

破冰，活跃气氛。

程序：

（1）宿舍同学围坐成圈，组长可以参与其中。

（2）每个人根据自身衣服的颜色，变身与衣服不同颜色的萝卜（例如，穿红衣服的变身黄萝卜，穿黄衣服的变身紫萝卜）。

（3）由组长先蹲，一边蹲一边说："红萝卜蹲，红萝卜蹲，红萝卜蹲完，紫萝卜蹲。"

（4）谁坚持到最后，谁就胜出。

（二）让我们在欢笑中相逢、相识

游戏1：自我介绍

目的：通过有趣的自我介绍，展示自己、认识他人。

程序：

（1）热身阶段大家熟悉玩法后，开始要求没找到座位来到圈中的人给自己取个有趣的外号，并向大家介绍自己还没被大家了解的一些特点。

（2）讲述自己的一件糗事或者进行才艺展示。

（3）游戏结束后，组员分享感受。

（4）组长总结：在与人交往的过程中，适当、真诚地袒露自己是很有必要的，既可以平衡调节自我心态，又能因此取得他人的理解和帮助，从而不断地自我完善。同时还能增加对方对你的信任，拉近彼此距离，加快彼此友谊的进程。

游戏2：交换名字

目的：活跃气氛，更好地记住他人的名字。

程序：

（1）参加者围成一个圆圈坐着。

（2）围个圆圈的时候，自己随即更换成右邻者的名字。

（3）以猜拳的方式来决定顺序，然后按顺序来提出问题。

（4）当主持人问及"张三先生，你今天早上几点起床？"时，真正的张三不可以回答，而必须由更换成张三的名字的人来回答："嗯，今天早上我7点钟起床！"

（5）该回答时却不回答，不该回答却回答了的人被淘汰。

（6）最后剩下的一个人就是胜利者。

（三）让我们学会相互协作

游戏1：解手链

目的：

促进学生们相互协作，共同解决问题。

程序：

（1）全组同学手拉手站成一个向心圆，记住自己左手和右手分别拉的是哪位同学。

（2）打乱顺序，随机站位，将自己的左手和右手分别与刚刚圆圈站位时的那个同学相握。此时形成一个错综复杂的网络。同学们需要发挥自己的智慧和协作精神，将这个网解开，恢复到向心圆的状态，在此期间手不能放开。

（3）如果真遇到解不开的情况，手可以放开一次，但在再次进行时需要马上合上。

（4）讨论：一开始你是否思想混乱？解开一点后，你的思想是否有了变化？最后解开的时候，你是否很开心，有什么收获？

游戏2：踩报纸

目的：

促进学生们相互协作，共同解决问题。

程序：

（1）取一张报纸，所有的人都必须站在报纸上，最少持续5秒钟，然后将报纸对折，仍然要求所有人的脚都站在报纸上，最后看看所有人能站在多大的报纸上。

（2）讨论：这是一个要求大家相互协作的游戏。在游戏的过程中，思考了些什么，对你未来的团队生活有什么启示？

（四）让我们在交流中解惑、提高

游戏1：进入大学的四个"最"

目的：

通过对大学生活的体验，引导各组员表达自己对大学生活的真实感受，谈谈理想和现实之间的落差以及自身的一些苦恼和困惑。通过彼此的交流及组长的引导使组员的情绪得以宣泄，并获得彼此的支持。

程序：

（1）在纸上填写"进入大学的四个最……"的句子补充，如最兴奋的一件事／最满意的一件事／最烦恼的一件事／最担心的一件事。

（2）分享：每个"最"都请两至三名组员起来描述一下事情经过；全部事情分享完后，请组员分享一下总的感悟。

（3）组长总结。①这就是生活，有开心，也有不开心。不要奢望生活中只有顺境，没有挫折。每个人都会遭遇挫折与不顺，这并不一定是坏事，也许只是我们成长过程中使我们绊了一下脚的台阶。②理想和现实永远存在落差，我们要学会接受现实并应对现实。③倾诉是解决苦恼的一个很好的方法，当你苦恼时，把你的苦恼告诉身边的朋友，让大家为你分忧解愁。

游戏2：我爱我舍

目的：

让同学们对即将开始的四年大学生活提出自己的希望，包括对自己的要求，也包括对宿舍这个集体的希望。

程序：

（1）在纸上填写：虽然……，但我会……；如果可以……，我希望……。（以上内容须与宿舍相关）

（2）分享彼此的团辅感受，对未来提出自己的希望。

（3）让全宿舍同学手手相连，共同喊出："为一个美好的大学生活，让我们共同努力！"

（五）组长及各组员最后总结

（组长用手机下载歌曲《明天会更好》）

组长总结：你们将在一起相处四年，这是非常难得的一份缘，希望大家可以珍惜。接触越多，矛盾也可能会越多，因为很容易看到彼此的缺点，所以更需要彼此的宽容、理解和接纳。要明白每个人都有缺点，包括自己，每个人都有优点，当然也包括自己。当埋怨、怀疑自己的时候，想想自己并不是一无是处的。当别人犯错的时候，想想自己也不是完美的。希望大家在这四年里可以相处愉快，彼此扶持。

最后，让大家在歌声中结束我们今天的团体心理辅导。

一起合唱《明天会更好》。

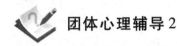

团体心理辅导2

新生团体心理辅导方案（拓展）

一、目的

为了帮助同学们在军训的间隙缓解疲惫、紧张的心情，也为了让连队的同学们尽快相熟、相知，在以宿舍为单位的基础上，增加以连队为单位的团辅活动，以进一步帮助同学建立对新集体的归属感。

二、操作流程

游戏1：马兰花开

目的：

活跃气氛，让大家在军训的间隙能够放松心情，同时体验到集体归属感的重要性。

程序：

（1）主持人站在场地中央。

（2）参与人员围成一个圆圈队列（即可以绕着主持人走的队列），每人间距30厘米以上，不可有肢体接触。

（3）游戏开始，大家围着主持人走圆圈队列，一起边走边念"马兰花，马兰花，风吹雨打都不怕，请问要开几朵花？"主持人说："5朵"。那大家就赶快任意5个人抱在一起，出现没有办法抱在一起的人，就出局。剩下的人，继续玩。

（4）主持人一定要根据人数喊出比较妥当的数字，避免一次性出局太多人。比如，一共17人，比较合适的就是喊出4朵花，这样就出局一个人，如果喊出6朵花，那么一下就会出局5个人，游戏很快就会结束了。

（5）主持人要提醒玩游戏的人：要抱紧哦，小心人被抢！

（6）分享：让最后的胜者谈谈自己的成功经验，也让出局的同学分享自己内心的感受。让同学们体验到团体归属感的重要性。

游戏2：虎克船长

目的：

记住连队同学的名字，让团队成员尽快相熟。

程序：

（1）全部的人围成圆圈，所有人逐个进行自我介绍，每个人都要识记清楚坐在自己两旁人的名字。

（2）由其中一人开始，说自己的名字两次，然后再叫另一人的名字。

（3）被叫到的人两旁的同学必须马上说"加油、加油"和做出划船的动作。如果被叫到名字同学两旁的同学没有反应过来，需要接受惩罚，惩罚之后，游戏继续进行。进行的次数由主持人掌控。

（4）分享：你是否记住自己连队同学的名字了，记名字有没有什么技巧可以和大家分享？记住别人的姓名对你的人际交往有何帮助？还能谈谈你有什么可以促进人际关系的方法和技巧？

游戏3：进化论

目的：

通过小游戏感受团体成员之间的竞争，促进成员间积极互动，让成员感受到生命过程中的挫折与成长。

程序：

（1）在游戏中每个人的成长都有4种形态：鸡蛋、小鸡、母鸡、凤凰。

（2）鸡蛋的形态要求同学蹲下，双手合十；小鸡的形态要求同学半蹲，双手放在身后；母鸡的形态要求同学半蹲，双手合十；凤凰的形态要求同学站立。

（3）一开始所有的同学都处于鸡蛋状态，他们通过"剪刀石头布"的形式竞争，获胜者进化一级，失败者退化一级。随后，处在相同形态的生命体要和与自己形态相同的生命体竞争，竞争方式同样为"剪刀石头布"，获胜者获得进化，晋升一级；而失败者将向下行方向退化一级。到达凤凰阶段代表你的进化任务已经完成，晋级凤凰的同学可以按照进化的先后顺序排列成一队。

（4）分享：请第一名完成进化、最后一名完成进化的同学分享成功和失败的经验。请同学分享游戏中体验到的竞争和挫折。大学也是一个竞技场，也会有成功失败，你准备用怎样的心态来面对未来的竞争和挑战。

 团体心理辅导 3

爱自己，爱生活——自我探索团体辅导活动

一、目的

帮助大学生进行自我探索，从而树立积极的自我形象。具体来说，团体活动期望达到以下几个具体目标。

（1）发展足够的团体信任，使大家能够坦诚地分享感情与态度，以及学习将这种信任带到日常生活中。

（2）了解与发现自己的想法、优点、缺点。

（3）发展自我接纳与自我依赖。

二、活动对象

想要自我了解的学生

三、团体带领者的责任

初期要告诉成员一些团辅的基本规则，告诉他们如何才能积极参与到团体的活动中。鼓励成员表达内心的感受，推动团体建立信任感。采取一些有效的活动方式，使团体成员参与在内，利用团体因素，协助成员在感觉、态度、认识和行为上做出有益的改变。结束阶段帮助成员整理他们在团体中学到的东西，鼓励他们坚定信心，把学到的东西应用于自己的日常生活当中。结束后进行评估总结，取得经验，找出不足，今后加以改善。

四、团体成员的责任

团体成员应对自己及所有其他成员负责，在团体内应坦诚、真挚，而且应确保团体内一切谈话皆绝对保密。

五、活动与过程

1. 微笑握手，自我介绍

目的：

感受团体心理成长的特殊氛围。（10分钟）

程序：

"今天的你与以前的你是不一样的，你今天心情愉快，积极乐观，让我们团体中的每个人都感受到今天这个不一样的你。请你面带微笑，和周围的人亲切地握握手，打个招呼。"带领者引导大家争取与每一位成员握手，然后自我介绍。

2. 哑口无言（20分钟）

目的：

学会非言语形式表达自己的感受，以及理解他人的感受。

程序：

全体同学围成圆圈，每个人闭上眼睛，回顾一周的生活感受，是兴奋，是疲倦，还是焦虑……回顾后，用手势、表情等身体语言表达出来，让其他成员猜测被猜测者的感受，被猜测者说出别人是否准确。

3. 形容你自己（20分钟）

程序：

（1）请仔细思考，找到5个成语来形容一下你这个人。要有特色，也就是说，一个不认识你的人，看了你的介绍会对你有一个初步的印象。这5个词里，要有一个形容自己长相的词，要有一个形容自己性格的词，要有一个形容自己最大优点的词，要有一个形容自己缺点的词，最后一个词，是描绘自己理想的词。

（2）**团体分享：**指导者读出每个人的纸条，大家共同探讨一下。

4．**优点轰炸**（20 分钟）

程序：

（1）小组成员轮流坐到中央，其他成员从他身上找特别的地方，然后用发自内心的语言赞美对方。

（2）团体分享：当别人赞美你时，你感觉如何？你赞美别人时，通常赞美哪些地方？你能给所有的人不同的赞美吗？你在赞美别人时，感到自然吗？为什么会这样？是否有一些优点是自己以前没有意识到的？是否加强了对自身优点、长处的认识？

5．**指导者总结**（10 分钟）

指导者做最后的总结。

六、预期效果

期望成员能够由这次活动引发并培养探索自我的习惯，学会接纳自我。

团体心理辅导4

大学生减压团体心理辅导方案

一、主题

压力释放团体心理辅导

二、简介

组长：经过培训的心理委员或心理专业的学生
组员：大学生（约 12 人一组）
地点：团辅室

三、操作流程

1．**带领者自我介绍**

各位同学大家好！我是今天活动的带领者×××。欢迎大家今天参加我们的活动。我们先互相认识一下好吗？但是今天认识的方式有点特别，我们先来玩个小游戏。

2．破冰活动：王者荣耀

目的：

（1）帮助组员互相认识。

（2）活跃气氛。

（3）帮助组员打开身体和声音，为后面的戏剧活动做铺垫。

程序：

（1）两两互相介绍，并用身体猜拳（蹲下表示"石头"、两脚交叉表示"剪刀"、两手打开表示"布"），输者要把左手搭在赢者的肩上，边挥动右手边大喊赢者的名字。

（2）赢者继续寻找下一组组员相互认识，两位赢者用身体猜拳，输者队伍加入赢者队伍，异口同声大喊龙头赢者的名字。

（3）不断重复上一程序，直至全体组员只剩一位赢者。

3．前置练习：时间轴

目的：

（1）初步塑造角色。

（2）进一步活跃气氛。

程序：

（1）组员两两一组，并面对面站立。

（2）分别演绎现实版的 24 小时。

（3）选一两个有代表性的组员单独演绎。

4．一对对：纠结呈现

目的：

（1）初步突显主题。

（2）呈现大学生常见内心冲突。

程序：

（1）从学生演绎的生活中选择几组内心冲突。

（2）两两一组，一人演绎做的理由，一人演绎不做的理由。

5．社会计量：压力源与影响程度

目的：

（1）了解大学生常见压力源及影响程度。

（2）促进共鸣。

程序：

（1）一人向前一步讲出压力源，有同感的站在他身后（点状社会计量）。

（2）压力影响度调查（线性社会计量）。

6．行动改进：定格与小片段演绎解压方式

目的：

（1）活跃气氛。

（2）头脑风暴，注入正向力量。

程序：

（1）小组创作解压方式，观众参与解读。

（2）加入声音，让情景动起来。

7．展望：新的 24 小时

目的：

（1）对压力进行重新构建。

（2）树立对未来的信心。

程序：

（1）组员两两一组，并面对面站立。

（2）分别演绎现实版的 24 小时。

（3）选一两个有代表性的组员单独演绎。

四、活动落地：分享感受

组员介绍自己目前遇到的问题，分享活动的感受和收获。

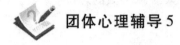

团体心理辅导 5

魅力女生——女性心理健康团体辅导活动

一、活动目标

（1）协助团体成员认识团体辅导的性质、作用、方法、内容等，使成员初步了解团体辅导活动。

（2）团体成员相互认识，建立互动关系。

（3）团体形成，制订团体规则。

（4）协助成员探讨女性交往的优势、劣势以及怎样在交往中做到扬长避短。

二、活动过程

1. 叠罗汉（30分钟）

（1）带领者先请成员依次说出自己的名字（让成员加深印象，再开始此项活动）。

（2）征求自愿成员，说出"我是××"，依序第二位成员重复第一位成员的名字，并说出自己的名字，第三位成员则复述前两位成员的名字，而后说出自己的名字，依此类推。

（3）带领者先请成员依次说出自己的名字和自己喜爱的一项活动。

（4）征求自愿成员，说出"我是××，我喜欢××"，依序第二位成员重复第一位成员的名字和喜欢的运动，并说出自己的名字和喜欢的运动，第三位成员则复述前两位成员的名字和喜欢的运动，而后说出自己的名字和喜欢的运动，依此类推。

（5）带领者先请成员依次说出自己的名字、自己喜爱的一项活动和自己喜欢吃的水果。

（6）征求自愿成员，说出"我是××，我喜欢××，我喜欢吃××"，依序第二位成员重复第一位成员的名字、喜欢的运动和喜欢吃的水果，并说出自己的名字、喜欢的运动和喜欢吃的水果，第三位成员则复述前两位成员的名字、喜欢的运动和喜欢吃的水果，而后说出自己的名字、喜欢的运动和喜欢吃的水果，依此类推。

2．规范树

准备材料：树叶状纸片若干，彩色画笔，树干。

带领者简要说明团体规则制定的必要性。（2分钟）

鼓励成员将自己对团体的期望写在树叶状的彩色纸片上面，然后粘贴到事先准备好的树干上面。（10分钟）

带领者归纳总结，成员讨论，形成共识。（10分钟）

3．分享交往经验

将团体成员分成两个小组进行讨论。（30分钟）

鼓励成员敞开心扉，就下面几个问题进行讨论：

女性在交往中有哪些优势和劣势？

女性怎样在交往中扬长避短？

认识自己的交往状态，以及自己以后的交往计划。

其他交往的问题。

回到大团体中，各组分享所讨论的结果，成员亦可就自身经验提出分享或质疑。

三、总结：带领者总结讨论结果

就本次团体活动进行反馈。（10分钟）

 团体心理辅导6

人际交往团体心理辅导活动方案

一、活动主题

团结、合作、友爱（人际交往团体心理辅导）

二、活动简介

组长：经过培训的心理委员或心理专业的学生

组员：学生（约 10 人一组）

时间：×年×月×日晚×点

地点：篮球场

三、活动流程

1．组长自我介绍及活动介绍

组长自我介绍，并介绍活动目的、程序和注意事项。

2．热身游戏：身体猜拳

目的：

活跃氛围。

规则：

两人一组用身体猜拳，石头（蹲下）、剪刀（两脚交叉）、布（两手打开），五局三胜，输者自我介绍及表演节目。

3．连环坐

目的：

让组员从游戏中体会友谊和协作的乐趣。

规则：

组长让组员围成圆圈，左肩向内，然后让其中一人屈膝做成空椅状态，接着前面人坐在后面人的膝盖上，一圈人全做好为成功；否则继续练习直到成功为止。成功后组长让每个组员谈谈自己在活动中的感想并总结。

4．优点轰炸

目的：

增强听者的自信心，提高说者的发现他人优点的能力，增进组员间的情感。

规则：

每次选一名组员到圆圈中间，其他组员轮流说出这名组员的优点，所说的优点必须基于自己的观察，要与事实相符，而不是单纯的吹捧，而且只允许说优点。圆圈中间的组员只允许听，不允许评价或者反驳。

结束后组长让每位组员谈谈活动中的感想并总结。

四、结束

根据组员的特长以歌舞结束。

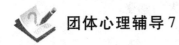 **团体心理辅导 7**

同一屋檐下，凝聚你我他
——宿舍关系心理团体辅导

（作者：黄颖仪　本作品获得广东技术师范大学团体心理辅导技能大赛一等奖）

一、活动对象

大学二年级的同宿舍舍友。

二、活动目的

增强宿舍舍友之间的凝聚力。

在一年相处之后，因为各自的差异让宿舍生活开始出现小矛盾和小误会，舍友之间没能再像大一的时候那样一起玩耍。

三、活动内容

1. 热身：你追我赶

（1）助手提供若干个动物角色，成员选择自己喜欢的一个。

（2）成员拿到自己的角色后，两两面对面，掌心相对，保持一定距离。

（3）主持人念出动物名字，被念到的角色就要出手抓住对方的手，同时，对方要赶紧退缩。

（4）被抓到的成员算输，输了的成员要出来接受挑战。（挑战：真心说一句赞美或吐槽对方的话。）

2．认识宿舍两面性：虚拟动物园

（1）根据第一环节的角色，把成员分成两组，每组4人。

（2）小组根据自身的动物特点模拟一个小故事。

（3）进行故事表演。

（4）模拟结束后，分享自己模拟时候最大的感受。

3．增进感情：我们的时光之旅

（1）主持人随机派发一张事先收集好的宿舍生活照。

（2）成员回想并说出照片拍摄时候的场景，并说出自己当时的感受。当有人分享时，其他人要保持安静。

（3）回想结束后，主持人提供笔和纸并让成员共同画一幅他们认为最美的全家福。

4．探讨活动意义：分享与交流

成员之间进行活动心得分享和交流，主持人做最后的总结。

第三节　其他心理健康教育活动

除了团体心理辅导活动，班级心理委员还可以在班级中组织其他心理健康教育活动，宣传心理健康知识。活动形式可以灵活多样、内容尽量丰富。通过组织满足学生心理需求、促进人际融合、生动有趣的心理活动，提高学生的积极性和参与度，寓教于乐，潜移默化地将心理健康理念传递给大学生，从而提高心理健康教育工作的实效性。

一、校园心理剧

1．什么是校园心理剧

心理剧是一种心理治疗方法，由美国心疗师莫雷诺始创。在心理剧中，参与者通过心理剧技术进行戏剧扮演，呈现角色的内心冲突和矛盾。核心的心理剧技术有角色互换，通过角色互换可以最大限度地表现冲突，也可以帮助角色重新建构甚至修正自己的理念。其他的心理剧技术还有独白、多重角色的自我、角色扮演、替身和空椅子技术等，这些技术可以帮助参与者进行自我表达和情绪宣泄，以及重新认识自己和他人，重新认识事件以及与他人之间的关系，消除压力，获得适应环境和自我成长的力量。不仅角色本身可以在心理剧中得到疗愈，其他参与者或旁观者也可以通过协同扮演和观看演出触动心灵，得到心理的修复和改善。

校园心理剧是一种心理健康教育手段，它与心理剧有联系也有区别。它以心理剧的理论基础为依据，但不如心理剧对专业性的要求高，因此更容易在普通学生当中进行推广。校园心理剧有现成的剧本——剧本由学生根据日常校园生活进行编写，主要内容围绕生活和学习中遇到的各种心理问题和困扰，如环境适应、人际交往矛盾、学习困难、恋爱困扰、就业压力和心理危机等。根据剧本，学生组队进行情节编排和表演，把以上典型校园心理问题在舞台上呈现。呈现过程还包括将心理学知识和原理融入角色的问题解决中，使参与演出的学生和参加观看的学生得到启发，达到心理健康教育的目的。

通过各级部门的积极组织和引导，校园心理剧目前已逐渐成为各大高校进行心理健康教育和宣传的一个必选项目。通过校级及省级校园心理剧比赛，部分学生积极组队进行创作，还有不少学生观看了参赛作品。校园心理剧在一定范围内发挥了积极作用，不仅培养了学生团结合作的精神，还将戏剧元素引入校园，激发了学生创新想象和积极表达的能力，也给学生提供了人际交往的平台。如果心理委员可以组织同学们参与校园心理剧的编排和汇演，将可以让更多学生从校园心理剧中受惠，并促进班级融合。

2. 校园心理剧的组织过程

心理委员可以根据省级比赛要求，组织班级的校园心理剧表演。为了提高学生对此任务的重视以及保证作品的质量，心理委员可以分阶段给班里同学布置任务。阶段任务分别包括：自行组队、主题选择、编写初步剧本、排练、编写最终剧本和表演。最终从所有作品中选出优秀作品参加上一级的比赛。

第一，自行组队。组队要至少提前一个月完成，队员、队名、队长的名称要上交给心理委员。为方便碰头排练以及促进宿舍关系和谐，最好以一个宿舍或者两个宿舍为一组。尽早布置任务还可以为学生提供比较长程和密切的人际交往和团体合作的机会，使学生在交流、合作和冲突中提高与人交往、协调的能力，在欢笑和泪水中增强心理健康水平。

第二，主题选择。组队后，队员需要碰头商量校园心理剧的主题。校园心理剧可以反映学生在校生活和学习中遇到的心理困惑、内心冲突和心理问题，队员商量后选择适合本组演出的主题，主题需要与大学生常见的心理困惑相关，鼓励大学生讲述身边的故事，例如与新生适应、情绪调节、自我意识、人际交往、恋爱心理、家庭关系、就业压力等相关的内容，诠释心理健康问题，传播心理健康知识。要求心理问题表现清晰，解决方法生动实用有效；剧情发展合理、生动活泼；表达感情准确，演出富有感染力；内容积极健康向上，遵守国家法律法规。各队的主题需要在一定期限内上交给心理委员。

第三，编写初步剧本。选定主题后，队员们需要再次碰头商量初步剧本，初步剧本不需要太具体和完整，只需大概的人物组成和剧情走向。队员们也可以每人编写一个初步剧本，最终通过协商选出最适合本组表演的初步剧本。作品须为原创，明确无知识产权纠纷，严禁抄袭他人作品。初步剧本需要在一定期限内上交给心理委员。

第四，排练。作品可采用音乐剧、话剧、哑剧、小品、相声等多种艺术表演形式。队员们需要更多地磨合、协商和碰撞，投入演出前的排练中。在此过程中，编剧、导演、拍摄和演员的分工逐渐明确，剧情更加丰满，演员的台词、表情和动作也逐渐成熟。队员们还需要根据剧情开始准备道具，布置舞台效果。如果不准备现场表演，还需要进行视频拍摄。两种呈现方式各有好处，现场表演需要演员背台词，比较考验演员的自信心；视频拍摄需要比较好的拍摄技术、后期剪辑、背景音乐和字幕制作，团队需要良好的组织分工、团队意识和创新意识。

第五，编写最终剧本。经过不断排练，所有剧情、角色、台词和分工都已经确定下来，可以把最终剧本确定下来，并详细附上所有队员的分工，按照时间要求上交给心理委员。

第六，表演。各队进行校园心理剧表演，可以现场演绎或者播放校园心理剧视频,每组大约 10 分钟。表演结束后,队员及观演学生分享演后感或观后感,可以邀请评委对作品给予点评,指出亮点和可以改进的空间,以便各队进行作品修改和参加校赛。

第七,作品报送。作品须为 AVI、MOV、MP4 格式原始作品,分辨率不小于 1920px×1080px。作品时长在 10 分钟左右,画面清晰,声音清楚。对白或旁白原则上用普通话录制,可出现少量英语或方言,可采用前期录音、幕后配音等形式,提倡标注字幕。按照时间要求上交给心理委员,由心理委员统一上交到上级组织。

通过以上贯穿校园心理剧准备和表演,引入戏剧元素,用互动参与的方式调动同学们参与的积极性,提升同学们了解心理健康知识的兴趣和增加班级凝聚力。

3. 优秀作品示例

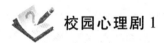 **校园心理剧 1**

爱在 Summer

作者:文佳裕 李鑫明 冯苇浩 邓思琪 何婉丽 张 煌 周熙霖 刘惠梅
(本作品荣获 2018 年广东省高校校园心理剧比赛一等奖)
主要人物:沈白、安迪、经纪人、裕裕、夏静静、天使、魔鬼

场景一

时间:下午
地点:排练室
人物:沈白、安迪、夏静静、裕裕
旁白:A 校 Summer 乐队在排练室里为高校新生乐团比赛排练歌曲《真的爱你》。距离决赛之日还有一个星期。

(背景音乐响起,约 20 秒。)

(沈白手机铃声响起,示意音乐停止,推门,跑出排练室听电话。)

安迪： 我们先停一下吧。

夏静静：（上前）欸，听说，这次比赛，第一名的奖金很丰厚哦~

裕裕： 但是能不能拿第一名有些难说欸。B 校的 Ice 乐队也参加了，连续两年都是他们拿的第一。他们是我们最强劲的对手。

夏静静： 不过我听说啊，他们乐队的主场最近好像出了点事，应该不能参加比赛了。

裕裕： 哈？出什么事啊？

夏静静： 不知道欸，不过他不能参加的话，我们胜算就很大了。

安迪： 行啦行啦，只要我们好好准备，加上白哥的实力，我们有很大机会能拿第一的。

（裕裕、静静表示赞同，花痴脸）

（此时，沈白推门，走进排练室，拿起麦克风）

沈白：（低沉地说）我们再练一遍吧。

静静、裕裕： 好。

（安迪起鼓，音乐声响起，沈白唱了两句，第三句忘词）

沈白：（转身对队员说）不好意思，再试一次。

（音乐声响起，沈白唱了两句，第三句没跟上调子）

静静： 你怎么啦？

沈白： 不好意思，要不，今天先到这里吧。

安迪： 嗯。看你也不在状态，我们明天再练吧。

（所有人下场）

场景二

时间： 当日傍晚

地点： 校道

人物： 沈白、杨生、裕裕

旁白： 傍晚，夕阳的余晖洒在校道上，小道两旁的树叶迎风摇曳，仿佛在低声诉说着什么。沈白独自走在校道上。

（沈白失落地走着，杨生拦住沈白，裕裕在长椅休息，杂志盖住脸小憩。）

杨生：嘿！沈白。可以和你谈谈吗？

沈白：嗯？（抬头）

杨生：我是 Ice 乐队的经纪人，我姓杨。（伸右手，想握手）

沈白：不好意思，我们没什么好谈的。（眉头一皱，走过）

杨生：请等一下。

（沈白转身。裕裕拉下杂志，疑惑，偷看侧耳听。）

杨生：沈同学，我相信你很清楚你们乐队的实力，要拿第一可不是那么简单的。而我们 Ice，全方位都比 Summer 更好。我现在诚挚地邀请你加入我们 Ice 担任主唱，有了你的加入，第一对我们来说，轻而易举。（沈白不屑，转身）奖金全是你的，（沈白止步回头）我们还会给你一笔丰厚的报酬，你好好考虑一下。

沈白：……嗯。

杨生：（递给沈白一张名片）这是我的名片，我等你的答复。（胜券在握的样子，笑）

（裕裕惊讶，杂志盖住脸，等杨生走过后退场）

（沈白接下名片，转身走开，不屑地扔名片，手机突然响起。）

沈白：喂？妈，嗯……钱的事我会想办法。

场景三

时间：次日

地点：排练室

人物：沈白、夏静静、安迪、裕裕、天使、魔鬼

旁白：次日，Summer 乐队在排练室。

（夏静静、裕裕在排练室，裕裕悄悄告诉夏静静昨天的事，夏静静很惊讶）

夏静静：裕哥，你昨天和我说的是真的吗？

裕裕：我……昨天亲眼看见的。（矛盾）

夏静静：我们白哥，不会的！他不会抛下我们去 Ice 乐队的！

裕裕：我也不觉得……可是……他收了她的名片。我不知道……可能……有什么误会。

夏静静：嗯，一定有什么误会的！

（安迪、沈白先后进场）

安迪：早啊，人都齐了，我们开始吧。

（音乐声响起，沈白心不在焉，记不住词或者找不到调子）

安迪：大家停一下。沈白。

（沈白转过身）

安迪：你最近怎么了，排练总是心不在焉。

沈白：我，嗯……嗯，没什么。

夏静静：白哥，你是有什么事瞒着我们？

沈白：嗯……嗯，其实，真的，没什么。

夏静静：白哥，（愤怒状）你是不是不想和我们一起了！你是不是要去 Ice 乐队！

沈白：我……（不敢正视夏静静）（同时）安迪：什么？你们在说什么？

夏静静：是不是因为他们乐队比我们强，他们缺一个主唱，你去那边好发展？！是不是他们还给你钱？你是不是要抛下我们了！（逼近怒视沈白）

沈白：不是你们想的那个样子。（挣扎，烦躁）

夏静静：你不要在这里假惺惺了！（推）

裕裕：（上前）我昨晚都看到了！（失望）

夏静静：我们走，我也不想在这个乐队待了。

（夏静静拉裕裕走）

安迪：沈白，到底发生了什么。

沈白：你让我自己待会吧。（沈白抱头叹息，坐下）

（安迪无奈，摇摇头，离开）

（天使、魔鬼先后上场）

天使：为什么不告诉他们你的难处呢？

魔鬼：你又不是小孩子了，这些事情当然是自己承担。

天使：什么都自己承担，那得多累啊！适当向朋友寻求帮助才能更好解决问题。

魔鬼：朋友？他们算什么朋友？不由分说地指责你？还指望他们

提供什么帮助？

天使：他们只是误会了。如果你和他们说清楚，你的父亲车祸住院，他们会理解你的。

魔鬼：说了又有什么用？我们不需要得到别人的同情，没人有资格同情我们。

天使：想想你们一起经历的日子，泪水汗水欢笑中一路走来，都是有福同享、有难同当的朋友啊！敞开你的心扉吧，不要再封锁你自己了，去找他们吧。

魔鬼：他们会嘲笑你的！（同时）天使：不会的，相信他们。

（屏幕上放映出 Summer 乐队排练时的欢乐模样）

沈白：他们……真的愿意帮助我吗？

天使：会的，他们一直都站在你身后。

（魔鬼失落离去）

（沈白掏出手机）

沈白：喂，杨生，我考虑清楚了，我是不会离开我的乐队的。（坚定，释然地笑）

场景四

时间：第三天

地点：排练室

人物：沈白、安迪、夏静静、裕裕

旁白：早晨，沈白约了 Summer 乐队其他成员在排练室见面。

（安迪三人已在排练室，沈白推门而入）

沈白：大家早。今天叫大家来主要是想跟大家解释一下，其实最近我家里出了点事情，我爸他车祸住院，现在急需一笔钱，刚好那天杨生来找我，说会给我一笔钱，前提是我要加入他们乐队当主唱，我想过一个人承担，但是我现在想通了，我把这些说出来是因为我把你们当朋友，希望你们能够理解我，对不起。

夏静静：你怎么不早点告诉我们？

裕裕：对不起，沈白，我……误会你了。

夏静静：白哥，我就知道你不是这样的人，之前是我太冲动了，我要郑重向你道歉。对不起！

安迪：沈爸爸伤得严重吗？明天我们一起去看看沈爸爸吧！

夏静静：我有个提议，要不我们加倍努力一下，争取拿到第一然后把奖金给沈爸爸治病吧。

安迪、裕裕：同意。

沈白：谢谢你们。

安迪：我们一起加个油吧！

（大家伸出手，加油！）

场景五

时间：决赛当天

地点：比赛现场

人物：沈白、安迪、夏静静、裕裕、主持人

旁白：转眼间就到了决赛当天。

（音乐响起，唱30秒……音乐淡去）

主持人：现在，2018届高校"新声杯"的冠军是……Summer乐队！！！

（众人欢呼，相拥而泣。）

（谢幕）

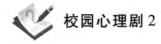 **校园心理剧2**

朋　友

作者：林泽宇　杨劲淮　高晓钦　袁艺武　吴奕松　钟兆昌　练思其　梁盈

（本作品荣获2019年广东省高校校园心理剧大赛三等奖）

主题：敞开心扉

人数：6人

主角：一个孤僻、心思细腻、对人对事都很谨慎的人

配角：主角的哥哥和四个大学同学

开 场

（旁白：小宇，你还相信朋友吗？）

小宇心理独白：

正：相信啊，有朋友是一件多么重要的事情，可以玩得这么开心，我好想交朋友呢！

画面：一群朋友开心走过。

反：不，不是的。你忘了之前的朋友是怎么对你的，他表面上跟你很好，背地里却捅你一刀，这你都忘了吗？

画面：两个人剑拔弩张（动作）。

正：但那只是部分人，并不是所有人都是不可相信的啊，也有人是真心相待的。

反：不是的，我不能再受折磨了，我不想再体会被背叛的感受。那太痛苦了，我不会再相信任何人了，我要保护我自己，保护我自己……

第 一 幕

（三张桌子，其中两张桌子放在一起，三张都面对观众，五张椅子）

Q：今天课上得怎样？今天老师又带我们玩了三节课，真爽！

W：哇，要是其他课也是这样多好啊！

H：今天老师给我们布置了什么作业？

C：就是给我们分配了一个组拍心理剧！

Q：拍心理剧啊！哇，那我们就选个组长啊。

H：要不就你吧，有没有意见？

C：没意见，就你啦。

W：就你。

Q：我？既然大家都这么相信我，那我就恭敬不如从命啦！哦，对

了，我们组是不是差了一个谁啊？

W：那个人好像没什么存在感。

（旁白：小宇听到之后选择了默默离开。）

W、C、H：对！就是他！

Q：小宇同学，来来来。

Y：怎么了？

Q：现在呢，我们是一个心理剧组的，咱们现在来讨论一下心理剧的相关安排吧。

Y：嗯嗯。（点头）

Q：老师布置了作业，要我们拍个心理剧，很荣幸我们几个人分为一组，大家有什么想法吗？

H：我觉得嘛，首先要找个人写剧本。

C：我要当男一号。

Q：哇，男一号，可以啊。

W：你这颜值不够啊，哥。

Q：那就我来当男一号吧。

（旁白：这时候小宇想他能干什么。）

H：嗯，这个我觉得可以。后期视频剪辑还有配音谁来啊！

W：我，我，我，我会 PR。

H：不错，小伙子。

Q：那你来吧！你负责这一块，时候不早了，走，大家去吃个饭吧。

C：好啊！一起去吃啊。

T：走吧，走吧！

Y：你们先去吧，我在这里学习会儿。

Q：那行吧，

（旁白：此时，小宇收到了一条信息，赶着去听讲座，小宇匆匆忙忙离开了。）

Q：就刚刚我们讨论的时候，你们有没有注意到，小宇同学好像没怎么说话。

W：可能他的性格就是这样子吧！

C、H：我也觉得是这样子。

Q：要不我们下次再开一次会，然后拉他一把。

一起：拉一下，拉一下。

（旁白：听到他们在讨论小宇，此时……）

小宇内心独白：他们竟然在关心我？他们在说下次要把我拉进集体，要跟我一起加油，做好这个心理剧。怎么可能会有聊过一次天就为我着想的人？不，不是的，应该不是，他们应该只是为了他们能更好地完成这个比赛。算了，我换个方向走吧，不遇见他们了。

第 二 幕

（两张桌子放一起，五张椅子）

第二次开会

Q：这次我们小组，大家准备的工作都不错，特别是我们的小昌同学，总是那样的积极主动（大家鼓掌），在跟我商量一些故事情节要怎么发展啊，要注意一些什么细节。不过，由于这是一次集体活动，因此需要团体合作，我发现就是我们的小宇同学，好像没怎么融入这个集体。

H：对呀，你一个人这样子我们都很担心的。

Q：大家都是一个团队的嘛。

C：是嘛，大家是一个集体，要不我们先去排练一下吧。

Q、W、H：好啊好啊，走吧。

旁白：于是在这之后，小宇有了些许变化。

第 三 幕

（两张桌子正对放，五张椅子）

画面：排练的样子

H：好，这次是我们第一次排练，大家认真一点哈。

好，后面的准备好！

停停停，太用力了。

再来一次，再来一次，后面的准备。

第二次准备，开始。

Q：哟，小伙子，敢撞我？对不起有用吗？你再说多一……（此时被撞倒）

H：停，非常好，你有没有事，我们来看一下。

（旁白：他们在排练的时候，小宇渐渐融入了集体，为了接下来的比赛正在努力加油。）

J：荣获广东技术师范大学机电学院心理剧第一名的是由林泽宇小组带来的《朋友》，我们用热烈的掌声欢迎他们。我宣布，广东技术师范大学机电学院心理剧圆满结束，请观众朋友在引导人员的带领下有序离场，谢谢大家。

Q：拿了一等奖！走吧，一起回去庆祝一下！

异口同声：走吧，走吧！

J：你们也太不够朋友了吧！拿了奖这么好的事情，都不带上我。

Q：一起走啊！走啊！

Q：来庆祝一下，来（举杯）。

一起：耶！（举杯）

C：我出去买瓶水。

谁，陪我去一下。

H：嗯，好的。你们慢慢玩啊。

Q：小宇，今天开心吗？

Y：挺开心的啊！

Q：小宇，实不相瞒，今天还给你送一个惊喜。

一起：噔噔噔～～ 小宇，生日快乐！

Y：怎么回事？

Q：今天你生日啊。你不知道吗？

Y：今天我生日吗？

一起：对啊！

Q：这是我们的一点小小的心意，希望你每天都能开开心心的。

Y：可是，我之前没有朋友陪我过生日耶！

H：没事，我们是朋友嘛，以后每一年我们都陪你过。

一起：对。

Y：真的吗？

W：真的啊。

C：时候不早了，我们要回去写作业啦。

一起：我们先走啦。

Y：好，今天谢谢你们啦。

Y：今天真开心，我要跟我哥打个电话。

（旁白：小宇的哥哥正在练习 B－Box，小宇打电话跟他最要好的哥哥分享他最近的开心事。）

Y：今天特别开心，我要给我哥打电话。

S：喂，小宇。

Y：喂，哥。

S：怎么啦？

Y：我们参加的那个心理剧比赛拿了一等奖，还有刚好是我的生日，他们竟然给我准备了生日蛋糕和生日礼物，我特别感动。

S：哥先祝你生日快乐，今天给你发个大红包，这么厉害！拿了心理剧一等奖耶！

Y：谢谢哥的大红包。

S：哇，看到你有一些这么好的朋友，我感到很欣慰。

Y：嗯……嗯，朋友……我不确定耶。

S：他们应该把你当成真心朋友了，都陪你过生日。

（旁白：那时候他还不敢确定，他们是否把他当成朋友了，也在疑惑自己要不要把他们当作朋友。）

第四幕

（一张桌子，一张椅子）

M：请进。

Y：老师，您找我？

M：小宇，最近怎么心不在焉，上课老是走神，考出来的成绩很差，你再这样子下去，我要给你父母亲打电话。

Y：老师，不要，我爸妈辛辛苦苦供我上学，我不想辜负他们，请你再给我一次机会，下次考试我一定给你满意的成绩。

M：这是你说的，我希望你能说到做到。好，你先回去吧。

第五幕

Q：小宇，怎么愁眉苦脸的，发生什么事了？

Y：嗯，最近考试考得很差，被老师批评了。

W：没事的，我们可以帮你啊！

H：是啊，大家都是朋友啊。

C：朋友有难，必定相助。

Y：这不太好吧？

Q：没事的，我教你高数。

W：英语我教你。

H：CAD 交给我。

C：剩下的我包咯。

Y：真的吗？

一起：对啊。

（小宇日日夜夜学习。）

第六幕

（两张桌子放一起，五张椅子）

M：同学们，这次期末考试成绩出来了，大家考得都不错，尤其是小宇同学，进步很大，希望你继续保持哈。

Y：谢谢老师。

M：这是成绩单，你们互相传阅一下。

Q：恭喜你呀，考得这么好。

H：是啊，现在都快超过我了，厉害啊，小宇！

Y：这还不是多亏了你们，我才能进步这么大，谢谢你们。话说你们为什么要对我这么好呢，我又没对你们做过什么好事。

C：我们是朋友啊。

W：对啊，你在想什么？

Y：我们是朋友啊。（笑着）

（小宇睡着了）

Q：这小子，这2天下来，估计累坏了吧。

H：让他静静地睡一会儿吧。

（他们没日没夜辛苦奋斗了这么多天，小宇也收获了他想要的结果，但他也累垮了，与此同时，他做了一个很奇妙的梦。）

梦　境

我和三年前的我

我：你怎么长得跟我好像？难道你是以前的我？

以前的我：你是未来的我？估计你现在过得很开心吧。

我：不开心，每天浑浑噩噩的。

以前的我：不开心？我可是一个很乐观的人。

我：在你以后我交了一个很好的朋友，但是他在我最需要他的时候背叛了我，给我带来了很严重的心灵创伤，我把自己的心给封闭了起来。

以前的我：你看看你现在啥样，你这是我吗？

我：你没经历过，你不懂！我也想让自己过得更好一些，但是我不想再把心交给别人了，我怕再经历一次，我害怕啊！

以前的我：你看，难道你想变成这样的你吗？

画面：我好孤独，一个人玩，一个人睡觉，一个人吃饭（动作）。

以前的我：继续下去，你还会这样！

画面：人生好无趣啊，痛苦一个人痛苦，快乐一个人快乐，不，这不是快乐，喝了这杯毒药，我就解脱了（动作）。

我：我不想这样，可我都这样了，我能怎么办？

以前的我：想想你身边的人吧，珍惜身边对你好的人。

画面：一群朋友开心走过

我：珍惜身边对我好的人？对啊！我现在身边有他们，快乐时会跟我一起分享，有困难时他们会给予我最大的帮助，我想通了，你是对的，一次伤害就让我把自己封闭了起来，麻痹了自己，无法辨清事情的好坏，谢谢你，让我找回了我自己。他们是我的朋友！

（梦醒了）

Q：醒啦，看你睡得这么香，要不我们先去吃个饭？

Y：我们是朋友吧？

W、H：当然啦。

C：这小子又在说傻话了。

Y：哈哈哈，走吧。

二、校园心理漫画

1. 什么是校园心理漫画

校园心理漫画是学生将自己在学习和生活中的所思所想、心灵感悟、心理困惑、心理冲突或者心理问题解决过程，以漫画的形式表现出来。通过心理漫画，学生可以表达自我、探索自我甚至疗愈自我，是一种艺术治疗手段。校园心理漫画既可以成为学生展示个人风采的舞台，也可以使观众产生共鸣，传达心理健康理念，普及心理健康知识，是一种很好的心理健康教育手段。

2. 活动组织示例

"缤纷校园"大学生原创心理漫画
征集活动实施方案

一、参评对象

全班学生

二、参评数量

每人限报 1 幅作品。

三、作品要求

（一）内容要求

作品分为漫画作品、绘画作品等两种类型，作品要反映大学生自尊、自信、自强、自爱的自我意识，勇于克服困难的坚强意志，大胆创新创业、敢为人先的精神，脚踏实地追求幸福人生梦想的精神风貌；符合心理漫画所具有的夸张、象征、比喻等独特风格，思想积极健康，主题鲜明，具有较高的审美性和心理健康教育的意义。不受理涉及有关心理变态和心理障碍题材的作品。

（二）格式要求

作品可以是单幅的，也可以是连环画，要求标明页数；作品可以是彩色的，也可以是单色的，要求画面清晰，整洁干净、没有破损；作品必须为纸质手绘，要使用标准绘图纸张或漫画原稿纸，作品尺寸最小为 40 cm × 40 cm，最大不超过 70 cm × 44 cm，画稿四周请各保留 2 cm 空白；作品背面注明：作者姓名、作品名、报送单位、联系电话等基本信息。不接受电脑软件制作和打印的作品。

四、报送要求

作品须为本人原创，且独立完成，明确无知识产权纠纷，严禁抄袭他人作品。请于×年×月×日前将参评材料包括申报表、纸质作品报送到心理委员处。

三、心理主题演讲

1. 什么是心理主题演讲

心理主题演讲可以直接影响演讲者的心境及生活发展。通过演讲，不仅可以提高学生的文字和口头表达能力，不断打磨文字和语言，对演讲者也是一次自我提升，从而提高自信。积极、打动人的演讲内容，对演讲者和听众都是一次心灵洗礼，能够振奋人心、激发人们的深层感受，是进行心理健康教育的良好手段。心理主题演讲内容应贴近大学生生活和精神追求，内容励志向上，能体现大学生心理正能量。

2. 活动组织示例

"点赞青春" 大学生原创心理主题演讲
征集活动实施方案

一、参评对象

全班学生

二、参评数量

每人限报 1 项演讲作品。

三、作品要求

作品内容必须围绕心理自信和文化自信这个主题展开，突出中国本土优秀传统文化对大学生心理健康教育的积极意义。要求主题鲜明，思想健康，语言优美，内容构思精巧，演讲有较强的感染力，积极健康。作品须为本人原创，且独立完成，明确无知识产权纠纷，严禁抄袭他人作品。

四、比赛形式

于×年×月×日晚×点于×多媒体教室举行，选手按照抽签顺序进行演讲，根据评委现场打分选出一等奖、二等奖、三等奖若干名。

五、优秀作品报送要求

比赛优胜者以视频光盘方式提交，须为 MPEG、AVI、MOV 或 WMV 格式，分辨率不小于 $1920px \times 1080px$，时长不超过 5 分钟。演讲题目自拟，要求普通话标准，声音清楚，画面清晰，不得照稿宣读，提倡标注字幕。心理委员按照时间要求提交上一级活动组织者。

3. 优秀作品示例

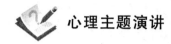 心理主题演讲

我有一个梦想

作者：林泽彪

（本作品获得 2019 年广东省高校心理主题演讲比赛二等奖）

各位领导、老师，亲爱的同学们，大家下午好！

我是来自 16 机电 2 班的林泽彪。

今天，我想讲两个少年的故事。

第一个少年是一个阳光女孩，我的榜样，刘媛媛。

她，出身寒门，高中的时候是一个差等生，是那种全年级两百多人她考一百八十多名的差等生，但有一天，她突然异想天开想要考北大，然后拼了命去学习，当然，高考的时候她还是没考上。很多人说她失败了，但她不服气！四年之后，通过考研她考上了北大。

23 岁那年，她参加《超级演说家》，在不被导师们看好的情况下，一路过关斩将，最终取得冠军，拿奖那天，她说的话，我记忆犹新。她说："一个人他一辈子做任何事情都不敢尝试，都不敢追求自己的梦想，那他永远都不会失败，他都没有资格遭遇失败！但是你不同，你做过梦，你发过疯，你哭过、笑过、奋斗过，你爱过、恨过，你也后悔过，于是啊，芸芸众生中那么普通的一个你却活出了最好的自己，又有谁有资格说你的人生不成功？"

刚才听了刘媛媛的故事，我们会觉得这个榜样离我们有点远，高山仰止，我们做不到。

好，那我再说一个少年的故事，我相信在场的每一个人都见过他。

他刚进入大学时，被迎新晚会上的主持人所吸引，他在想："像我这样相貌平平，普通话又不行的人也可以（当主持人）吗？"

过了几天，恰逢艺术团招新，他决定去追求自己的梦想。面试的那天，他很早就去了现场，他在室外捏着自己手写的面试稿，一遍又

一遍地排练。

很幸运的，在他的一番努力下，他进入了主持队。刚开始训练，整个队伍都很强，不论是即兴评述、朗诵、演讲都很强，只有他不强。

他站在队里，不敢多说一句话，生怕暴露自己。

他问自己：主持，从零开始，你其实有点害怕对吗？你害怕没有准备好？你害怕失败还不如以前？

但他不屈服，他相信，努力可以成就不一样的自己。从此，队里有什么脏的累的活，他都冲在第一个，队里只要有主持，不管大型的还是小型的，他都去报名。他每天早起去念稿子，他渴望成长。

整整一年下来，他接过的大小型活动 20 余场，从饭堂到学校操场到图书馆报告厅最后到露天舞台，每一场活动都见证了他不同的成长。2016 年校迎新晚会，那晚舞台灯光璀璨，他像活在梦里一样，穿着自己心爱的礼服，在近万名的观众前主持节目。

一路走来，他一直怀揣着、追求着自己的梦想。2018 年机电学院的迎新晚会上，你也可以看见他担任主持人时那热情洋溢的面孔。

我说的这个少年是我自己，也是在座的每一位。

我们每个人的心里都有一个少年，对吗？那是属于我们的英雄梦想。

我们心底，最害怕的事情，是怕辜负了那个少年的自己，放弃了本来可能实现却根本没去尝试的梦想。

我终于知道成长意味着什么，是刘媛媛那种拼尽全力也要自信地活出自己，是少年那种因为对梦想的热爱而义无反顾的付出！

所以以后再有人告诉你，少年，你只是个普通人的时候，你告诉他，是的，我很平凡，但我有一个梦想，我希望，学机电的男孩在其他的舞台上也可以发光发热，我希望走出自己不平凡的主持里程！

谢谢大家！

四、心理主题工艺品展示

1. 什么是心理主题工艺品展示

有研究证明，剪纸艺术等手工艺品制作可以改善某些精神症状。

美国学者发现许多创意手工艺品的创作过程，可以缓解受到创伤后挥之不去的痛苦。创意制作可以作为一种干预方法，帮助人们恢复对生活的掌控感。在创作过程中，大脑可以释放内啡肽等神经递质，帮助减少抑郁、消极情绪、焦虑和压力。在制作手工艺品的过程中，参与者可以获得愉悦的情绪，并培养社交和个人新技能，容易获得满足感、幸福感和他人的肯定。

通过心理主题的工艺品制作，学生除了获得以上良好的体验外，还可以将个人情感、经历通过作品表达出来，并与其他同学进行分享，引起共鸣、促进交流。心理主题工艺品展示可以作为一项不错的心理健康教育活动供心理委员选择使用。

2. 活动组织示例

"指尖上的幸福"

——手工艺作品征集大赛

一、活动主题

幸福，可以是绚丽的画幅，描绘出回忆里动人的点点滴滴；幸福，可以是朴实的雕塑，刻画上我们对亲朋好友的思念；幸福，可以是七彩的纸飞机，承载着我们对美好生活的希冀；幸福，也可以是成功的喜悦，饱含着苦尽甘来的热泪。一件精心制作的工艺品，会让你体会到幸福的百般滋味。

二、比赛形式

（1）请参赛者根据活动主题制作具有心理元素的手工艺品，按照时间要求提交给心理委员。

（2）活动采取个人或团体组队参与的方式。

（3）作品需另附上大小适宜的卡片，写上作品名称、作品简介，作者的学院、班级和姓名，并连同作品一起上交。

（4）上交时间：×年×月×日中午12：00前。

（5）比赛时间：×年×月×日上午班会，参赛选手根据抽签顺序展示作品，并进行 2 分钟的作品介绍。

（6）奖项设置：根据评委现场打分评出一等奖、二等奖、三等奖和优秀奖若干名。

五、心理公益广告

1．什么是心理公益广告

公益广告作为公益事业的组成部分，可以既通俗又艺术地向观众传递信息，倡导观众获得某种意识和肩负某种责任。因公益广告传播广，受众多，是宣传心理健康知识和理念的良好手段。在公益广告中融入心理健康意识，可以促进学生的创新意识，发挥想象力和创造力，制作出服务大众的作品，传播科学的心理健康理念。通过组织学生制作心理公益广告和在学生群体中传播优秀作品，既是对参赛者的一种锻炼，也是一次宣传普及活动。

心理公益广告可以培养学生的心理健康意识，帮助学生意识到心理健康的重要性；也可以倡导学生关注心理问题，掌握心理调节的方法，塑造良好心理品质，营造互助的校园氛围；心理公益广告还可以帮助学生了解相关心理疾病的表现和治疗措施，不讳疾忌医，减少病耻感，提升患病学生康复的信心。

2．活动组织示例

"南粤暖阳"大学生原创心理健康

公益广告征集活动实施方案

一、参赛对象

全班学生

二、参赛数量

每部作品作者限 6 人以内，每个团队限报一部作品。

三、作品要求

（一）内容要求

作品分为平面广告、视频广告等两种类型，鼓励大学生围绕心理健康教育主题展开公益宣传，创作具有吸引力、感染力、传播力的公益广告作品。内容积极健康向上，遵守国家法律法规。

（二）格式要求

1．平面广告类

作品电子文件必须为 JPEG 格式，色彩模式 RGB，像素为 1024px ×1024px，系列作品不超过 3 幅，文件大小不超过 10MB。

2．视频广告类

作品须为 AVI、MOV、MP4 格式原始作品，分辨率不小于 1920px × 1080px。作品时长原则上在 5 分钟以内，文件小于 50MB，画面清晰，声音清楚，重点内容标注字幕，同时须附 5 幅以上 JPEG 格式的截图或剧照。

四、参赛形式

于×年×月×日晚×点于×多媒体教室举行，选手按照抽签顺序进行作品展示，根据评委现场打分选出一等奖、二等奖、三等奖若干名。

五、优秀作品报送

心理委员要对作品的思想观点、作品质量和原创性进行审核把关，于×年×月×日前将优秀作品参评材料，包括申报表和作品电子扫描件光盘报送给上一级活动组织方。

六、心理电影赏析

1．心理电影对大学生心理健康的积极影响

（1）电影具有寓教于乐的内隐性。电影可以带观众进入一个多元

艺术的世界,它是融美术、文学、戏剧、音乐等多种艺术门类与高科技完美结合的产物。观众更多会以一种娱乐和欣赏的心态进行观影,这在一定程度上降低了观众的防御心理。加入了心理元素的电影,更具隐喻和叙事意味,可绕过分析和逻辑将意义传达给大脑,克服观众的心理阻抗,尤其对难以启齿的问题具有独特的疗愈作用。与显性教育意味浓郁的传统课堂不同,电影具备较强的隐形心理健康教育和思想政治教育的功效,具有润物细无声的渗透作用。而且学生们带着轻松的心情观看,可谓寓教于乐。

(2)电影可以改善大学生的心理健康状况。影视对人的情感、认知和行为均具有巨大的短时效应。在大学生心理健康课堂借助电影这一载体,可以普及心理健康知识,启发学生对自己的状况进行反思,使其有所感悟,改善心理健康状况。有研究者发现,观影利用度与大学生心理健康存在重要关联,观影喜欢度对于缓解抑郁、焦虑等消极心理健康问题具有显著作用。电影通过对比积极的和消极的榜样以及发生转变的榜样,显示积极生活方式的益处和有害生活方式的代价,激发和改变人们的思想、价值观和社会行为,进而激发大学生的正向心理能量,培养学生的积极心理品质。

(3)心理电影有利于提升大学生的生命意义。好的电影有助于大学生形成正确的世界观、人生观和价值观。学生可以从影片人物的身上获得目的感、澄清自我价值感和获得自我效能感,从而迅速影响其生命意义。研究者发现,电影疗法能显著提升生命意义而不受个体自身心理逆反水平的影响。生命意义等积极心理水平较低者在电影疗法的发展性辅导中能相对拥有更大的提升空间,这契合了心理健康教育的积极预防需要。

2. 活动组织过程

(1)选择合适的心理电影。随着人们对心理认识的逐渐加深,以及为了增强影片的悬疑和恐怖色彩,逐渐出现一些以严重精神疾病为素材的心理类电影,例如《沉默的羔羊》、《异度空间》和《致命ID》等。这类电影以严重精神疾病作为其情节工具和底色,在早期的心理健康课堂中较为常见,这在一定程度上推动了观众对精神疾病以及人类自身行为的认识。但是这些影片要么情节恐怖，要么人物变态残忍，里面充斥着各种异于常人的行为和想法，在传播正向理念和帮助学生形成健康心理意识的心理健康课堂上播放显得越来越不合时宜。

有些影片会借助心理疾病来表达温情。这类影片同样会以心理疾病或者心理咨询为桥梁，但是剧情的恐怖和悬疑程度有所减低，主题主要突显人间的温情和人性的善良，例如《雨人》《阿甘正传》《心灵捕手》《心灵点滴》《美丽心灵》等。学生通过观看这类影片可以感性了解心理疾病的相关症状或者心理咨询的相关要素，并感受影片带来的温暖。

还有一些影片依托正常心理变化进行励志。这类影片很少以异常心理为依托，讲述的都是正常人的故事，主人公在特定环境中积极顽强地生活，例如《三傻大闹宝莱坞》《小鞋子》《遗愿清单》《哈佛风雨路》《当幸福来敲门》等。小人物大道理，正因为这些人贴近大多数人的生活，反而更容易引起共鸣。这类影片常常给人带来力量和希望，让观众了解生命的真谛，因而很适合组织大学生观看。

（2）组织全班同学一起观影。心理委员可以组织全班同学在多媒体教室中集体观看影片，一起观影比较有氛围，同学们精神比较集中，更容易投入，也方便观影后的集体讨论。

（3）心理委员组织讨论。要在观看心理电影上有所收获，最重要的是对心理电影的情节、人物特点、心理活动等进行分析和讨论，让同学们进一步内化影片所传达的信息。不能仅仅限于观看，看完影片后，心理委员可以按照提前准备好的材料开展小组讨论和全班讨论。

讨论的重点可以放在"对影片印象最深的是哪一部分，为什么？""你如何看待主人公的遭遇/做法？""你的思考和收获是？""影片与心理健康的关系是什么？""影片给你带来的影响有哪些？""如果有可以带到现实生活中的知识或技能，这些知识和技能是什么？""通过影片，你感觉想要表达的心理主题是什么？""影片让你对心理健康有哪些新认识？""你觉得影片中的人物有哪些良好的性格特征？对你有什么影响？"等。

七、心理健康知识竞赛

1．什么是心理健康知识竞赛

心理健康知识竞赛是通过网络或现场答题的方式，让学生掌握相关心理健康知识，知晓心理健康的重要性，了解当代大学生常见的心理问题、精神疾病以及科学的心理调节方式。竞赛的方式可以让学习的过程更具趣味性和竞技性，学生参与率高、知识普及广、效率高，可以作为班级心理健康教育活动的良好方式。

2．活动组织示例

"健康心理伴我成长"心理健康知识竞赛方案

为进一步提高学生心理健康素质，也为了响应学校心理健康月系列活动的号召，增加同学们的心理健康知识储备，将心理健康知识应用于解决自身出现的心理问题，特举办此次心理健康知识竞赛。现将有关具体事项通知如下：

一、参赛对象

全班学生

二、竞赛形式

活动将以心理健康知识竞赛的活动形式展开。三人为一组，以自愿为原则组队报名参加。

竞赛分为两轮：初赛和决赛。初赛以书面答卷形式进行，根据全组总分排名，选择前5组进入决赛。决赛以现场问答和情景对话形式为主，中间插入游戏环节。

三、奖项设置

决赛现场将评出一等奖（1名）、二等奖（2名）、三等奖（2名）。

第四节　　拓展训练

复习与思考

1. 团体心理辅导有什么优点？
2. 团体心理辅导的团体规范是什么？
3. 你掌握了哪些班级心理健康教育活动？

拓展练习

1. 自选一个主题，为该主题的第一次团体辅导活动准备一份带领者的自我介绍，可自行演练及结伴演练，并请同伴提意见。

2. 自己策划并实施一次班级心理健康教育活动。

推荐图书

1.《成长的脚步：大学生朋辈团体辅导的理论与实践》

本书作者为王东升。本书介绍了北京师范大学成长训练营发展十周年来的经验总结、具体的训练方法和案例分析。其中包括朋辈辅导、团体辅导、危机干预指导，以及一些创新内容，例如，书中加入孝文化与家庭元素，是将传统文化融入德育与心理教育的创造性成果。本书在理论性指导的基础上，加入成长体会等实践性内容，对提高带领者工作技能，提升带领者解决实际问题的能力，具有指导性作用。

2.《团体心理游戏实用解析》

本书由田国秀主编。本书精选了 100 个经典团体心理游戏，涵盖自我探索、亲情沟通、人际互动、团队合作、学会学习、潜能开发、领导能力、开拓创新、价值选择、承担责任等十个方面，从游戏目的、游戏导入、人员与场地、游戏道具、规则与程序、解说要点、补充说明和案例解析八个层面对每一个游戏进行了细致的剖析和案例解析。重点为游戏导入、规则与程序、解说要点。本书设计了丰富多彩的导入形式：故事、诗歌、寓言、歌曲、电影片段、世界名画、名人轶事等，与游戏巧妙联结；规则与程序既关照到游戏的每个细节，又传递出游戏辅导的设计理念；解说透彻、深刻、全面。适合心理教师、班主任、团干部、辅导员、社会工作者以及培训师参考使用。

第三篇

他 助 篇

本 篇 导 读

　　守护班级同学的心理健康，预防严重心理问题及极端情况的发生，第三道防线就是专业人员的他助。心理委员缺乏专业知识，在严重个案的处理上能力有限，这时需要专业人员的介入。在这一道防线中，心理委员肩负着识别、排查和及时报告的职责，要对严重个案进行密切关注并及时将个案转介给专业的心理咨询老师或专业的医疗机构。

　　"他助"这一篇包含三章内容，心理委员可以在这一篇了解到心理咨询、心理障碍以及心理危机的相关知识，了解什么症状需要寻求何种帮助、如何识别心理障碍和心理危机学生、如何帮助心理障碍和心理危机学生以及如何进行转介。

第六章

心理委员如何普及心理咨询知识

本章导读

当学生遇到心理困惑，除了自我调节（自助）和同学等人的宽慰（互助），还可以寻求专业人员的帮助（他助）。但是不少同学对心理咨询并不了解，羞于求助，这就需要心理委员给他们进行一定的知识普及。心理委员上任后一定要接受相关知识培训，也要自行收集和掌握一些资料定期向同学们进行推介。

在这一章中，心理委员可以了解心理咨询到底是什么，面对哪些对象，可以解决什么问题，不能解决什么问题，有哪些原则和方法，其理论和研究基础是什么，心理委员如何向同学们推广心理咨询知识等，帮助心理委员在班级中形成对心理咨询普遍接纳的氛围。

第一节　何为心理咨询

案例分析

程同学一个月前跟宿舍同学闹了矛盾，一直没有和解，他为了这件事情每天心情非常烦躁，难以排解，每天回到宿舍都非常压抑，甚至学习和睡眠都受到了影响。新上任的班级心理委员晓辉跟程同学聊了几次，感觉程同学还是心事重重，日渐消瘦，于是建议程同学到学校心理咨询中心寻求帮助。结果程同学听了反应非常强烈，认为自己没有病为什么要去做心理咨询，觉得晓辉小题大做。晓辉才上任没几天，对心理咨询了解也不多，一时不知所措，不知道如何跟程同学解释才好。

分析：

程同学的反应在学生当中并不少见：因为不了解而拒绝心理咨询。但有些问题并不是通过自我调节或者跟亲戚朋友倾诉便可以解决的，长此以往问题的累积只会给自己带来更多的伤害，这时需要专业心理咨询的介入。心理委员晓辉虽然了解到有心理咨询这一渠道，但因为知识储备不足，未能成功化解程同学对心理咨询的误解。

一、对心理咨询的误解

国内很多人对心理咨询存在很深的误解，认为"有病"的人，才会接受心理咨询。常见的误区有以下几种。

1. 有精神疾病的人才进行心理咨询

心理咨询在我国起步较晚，对一些人来说还有种神秘感。尽管现在人们已经对心理咨询有所了解，但仍有人认为有精神疾病的人才需要做心理咨询。还有人认为做心理咨询是不光彩、不体面的事，往往经过思前想后才偷偷摸摸来到心理咨询室，唯恐被人发现。即使到了咨询室，有些人也要咨询师反复保证才愿意吐露心声。有些人绕了很大圈子，才愿意把真实的情况暴露出来。此外在中国人的传统观念中，表露出情感上的痛苦是软弱无能的表现。

以上种种原因，使得很多人宁愿饱受精神上的痛苦、折磨，也不愿或不敢做心理咨询。实际上心理咨询的对象是心理健康的人和心理健康状况欠佳但精神正常的人。他们因为遇到一些难以通过自身调节或解决的问题，需要寻求专业心理咨询师的帮助。这些问题是常人经常会碰到的，例如因生活、学习、人际关系上的挫折产生了心理冲突。每个人在成长的不同阶段及生活工作的不同方面，都有可能遇到不同程度的问题，导致消极情绪的产生。消极情绪如同蓄势待发的火山，如果平时不适当释放一些能量，最终爆发所带来的影响是极坏的。实际上发达国家的人对待心理咨询的态度要比我国开放，他们认为寻求心理咨询的帮助是件很体面的事，表明个体具有较高的生活目标，希望通过心理咨询更好地自我完善，而不是回避和否认问题，浑浑噩噩虚度一生。

由图6.1可见，心理问题与精神疾病是两个不同的概念。患有强迫症、恐怖症、性心理障碍等患者，需要寻求专业的心理治疗，这些疾病往往由对心理咨询和治疗有相当研究和实践经验的专家，在心理门诊或者精神病医院进行治疗。还有一部分有严重精神疾病的患者往往缺乏自知力，不认为自己有问题。凭借患者自己的力量难以摆脱严重的精神症状，单纯的心理咨询或治疗对他们效果甚微，需要医疗机构的介入。

	白色区	浅灰色区	深灰色区	黑色区
服务对象	完全健康之人	因生活、学习、人际关系等压力产生心理冲突与障碍之人	变态人格及人格异常	精神病患者
服务人员	无需	心理咨询员 社会工作者	心理医生 心理门诊大夫	精神病医生
服务机构	无需	心理咨询中心	医院心理门诊部	精神科

图6.1　心理健康状态及服务人员示意图

2．心理咨询就是寻求建议和办法

 **案例分析**

小素最近一段时间心情非常烦闷、压抑，前几天夜里总是失声痛哭。她觉得自己很努力学习，但总是不能获得很好的成绩，而班上一些同学不用很努力就可以考得很好，于是觉得自己很笨。她还觉得自己运气不佳，在考试中没发现试卷最后还有题目，漏题了。她本希望自己可以在考试中取得好成绩并拿到奖学金，但是事实总让她很沮丧。她目前带领了一支队伍参赛，最近情绪不好，被队友发现了，队友对她说"不要把情绪带到工作中来"。她觉得自己很失败，这么多难题不知道如何做才好，如何才能调节自己的不良情绪。心理委员建议小素

到心理咨询中心寻求帮助。但她去了一次心理健康教育与咨询中心后便不愿意再去，她说："心理咨询没有用，我还是不知道怎么办，我还是那么难受。心理老师并没有告诉我该怎么办！"

分析：

小素对心理咨询有错误的认知，认为心理咨询就是咨询老师告诉自己怎么办，未能如愿就否定心理咨询的作用。不少人有了心理问题才可能想到要进行心理咨询，而恰恰多数的心理问题不能以简单的说教来解决。对求助者来说，他们认为心理咨询就是心理咨询师帮助自己拿出解决问题的主意，要求尽快得到处理问题的良方良策，但心理问题很复杂，每一个问题又有千差万别的处理方法，不同的个性及行为模式会有不同的思维方式，在咨询师看来正确的方法不见得适合来访者。

正规的心理咨询是咨询师与来访者在商榷、讨论当中使来访者觉察自身的局限和资源，并通过咨询来完善不足，发挥潜能。如果咨询师替来访者在某类问题上拿主意，这便违背了心理咨询的原则。

3. 神化心理咨询师的能力

许多来访者将心理咨询神化，认为咨询师无所不会、无所不能，似乎自己进了咨询室，咨询师就能帮自己打开所有心结，以为会有打通任督二脉的神奇感受。所以有些来访者只来了一两次，没有达到自己所期盼的"豁然开朗"的状态，就会大失所望，认为心理咨询没有效果，再也不来了。

实际上，心理咨询是一个连续的、艰难的改变过程。冰冻三尺，非一日之寒，心理问题常与来访者的个性及生活经历有关，有其形成过程，问题的解决也需要时间和过程。没有强烈的求助和改变的动机，以及恒久的决心，问题很难迎刃而解，所以来访者要做好打"持久战"的心理准备。

此外，一些来访者把心理咨询师当成"救世主"，将自己的所有心理包袱都丢给咨询师，而认为自己无须思考、无须努力、无须承担责任。以为心理咨询就跟寻医问药一样，诊断、开药、治疗一切由医生说了算，病人只要配合、服从就可以。然而，心理咨询师只能起到引导、启发、支持、促进来访者改变和人格成长的作用，他无权把自己的价值观和愿望强加给来访者，更不能替来访者去改变或做决定。来访者需要认识到，"救世主"只有一个，那就是他自己。只有改变自己、战胜自己，最终才能超越自我，达到理想目标。倘若把自己完全交给心理咨询师，消极被动，推卸责任，只会一事无成。

4．心理咨询就是聊天或者思想政治教育

 **案例分析**

小美是一名大二的女生。两个星期前，男友向小美提出分手，理由是个性不合。小美觉得很痛苦，想挽救恋情，却被男友屡次拒绝。开学后，小美触景生情，时常想起男友，情绪很低落。小美本想去找心理老师聊一聊，结果她的同学说："我去咨询过，咨询老师只会嗯、啊、点头和微笑，跟我们平时聊天差不多，你还是别浪费时间了。"

分析：

小美将心理咨询等同于平常聊天，实际上谈话交流是心理咨询的主要形式之一，其使用频率相当高，但心理咨询并不是一般意义的随意聊天。心理咨询的谈话方式可以分为以诊断来访者心理问题为目的的摄入性谈话，和以纠正来访者错误认知观念为目的的咨询性谈话。心理咨询利用心理学的专业理论知识，有严格科学的理论体系和操作规程，从而达到解决心理问题的目的，心理咨询可以帮助来访者解除心理危机，促进人格的发展，它和漫无目的的聊天有本质的不同。

来访者中还有另一种错误的认识，就是认为心理咨询无非是讲些道理，和思想政治教育工作差不多，因而忽视或未意识到心理咨询的科学性。思想政治教育工作的目的是说服对方服从、遵循社会规范、道德标准及集体意志，而心理咨询则是运用专门的理论和技巧寻找心理问题的症结，予以诊断和辅导，咨询师持客观、中立的态度，而不是对来访者进行批评教育。心理咨询的专业性是思想政治教育工作所不能取代的。

二、心理咨询的定义

心理咨询是一个过程。在这个过程中，一位受过专业训练的咨询师，致力于与来访者建立一种特定的关系，来协助来访者认识自己、接纳自己，进而欣赏自己，从而克服成长中的障碍，充分发挥个人的潜能，使人生丰富起来，迈向自我实现。

关于咨询的目标，虽然不同的心理咨询学派有不同的咨询目标，但大致可以归纳如下：

第一，愿意为自己的行为负责；

第二，接纳自己与他人（跟自我与环境和平共处）；

第三，发挥潜能（自我实现）。

三、什么时候寻求心理咨询

（1）如果你平时不方便将一些烦恼与人诉说时；

（2）当你感觉孤独或者想找人说说话时；

（3）当你的学习、工作、生活、交友、情感遇到困难时；

（4）当你感到焦躁不安、容易发火、心情忧郁、失眠时；

（5）当你和家人或恋人出现交流困难甚至出现关系破裂时；

（6）当你情绪低落持续超过两周时；

（7）当你面对某些场景、动物或者人，出现恐慌、焦虑不安、呼吸困难、心跳加速等症状时；

（8）当你明知道某些行为或思维很没必要，却不断重复多次而无法摆脱时；

（9）当你与舍友多次出现矛盾又暂时无法缓解时；

（10）当你对学习出现厌烦、没有动力、找不到方法和目标时；

（11）当你遇到亲人或朋友离世，长时间无法排解悲伤时；

（12）当你对未来的发展方向感到迷茫时；

（13）当你感觉人生没有意义、自己没有价值时；

（14）当你对手机、电脑游戏、香烟等出现依赖时；

（15）当你对大学环境无法适应时；

（16）当你感到不了解自己，丧失自信时。

四、心理咨询方式

1．面询

面询即咨询师对来访者在咨询室等固定场所进行面对面的咨询。

2．书信咨询

书信咨询即通过书信交流形式进行心理咨询。这种方式比较适合有心理顾虑、比较胆小、怯懦的人群，这种咨询方式比较简单方便，咨询师可以随时进行，及时回复，但是没有面对面咨询效率高。

3．电话咨询

咨询师与来访者通过电话进行心理咨询，适合不愿意露面或者路途较远的来访者。电话咨询不方便咨询师收集来访者的非言语信息。

4．专栏咨询

专栏咨询是结合实际，通过广播、报纸等形式对群体的典型心理问题进行解答。

5．网络咨询

通过微信、QQ 等网络软件进行心理咨询，适合不方便面询的来访者。

五、心理咨询阶段

1．信息收集阶段

在咨询开始阶段，咨询师需要收集来访者的基本情况，例如性别、年龄、职业、精神疾病病史、家庭及其生活的社会文化背景等。咨询师还需要了解来访者想要解决的心理问题，例如当前来访者被什么问题所困扰，问题的严重程度如何，问题的持续时间多久，问题产生的原因是什么等。

2．心理评估阶段

根据收集到的资料，咨询师要结合心理学的有关知识，对来访者的问题进行分析和判断，把握来访者问题的类型、性质和严重程度等，以便确立咨询的目标，制定咨询过程。

3. 信息反馈阶段

咨询师将自己对来访者问题的了解和判断反馈给来访者，使来访者能够做出进一步的决定，考虑是否继续进行咨询。

4. 咨询目标的确立阶段

咨询师要和来访者共同设定心理咨询的目标。

5. 帮助和改变阶段

这是心理咨询最核心、最重要的阶段，咨询师要帮助来访者分析和解决问题，改变来访者不合理的认知、情绪和行为。

6. 结束阶段

咨询师对整个咨询过程进行结论性解释，帮助来访者总结经验，以及接受离别。

六、来访者须知

1. 来访者的权利

（1）有权利了解咨询师的受训背景和执业资格；

（2）有权利了解咨询的具体方法、过程和原理；

（3）有权利选择或更换合适的咨询师；

（4）有权利提出转介或中止咨询；

（5）对咨询方案的内容有知情权、协商权和选择权。

2. 来访者的义务

（1）遵守学校咨询中心的相关规定；

（2）遵守和执行商定好的咨询方案；

（3）尊重咨询师，遵守预约时间，如有特殊情况需要提前告知咨询师。

3. 如何预约咨询

咨询采取预约制。请通过电话、预约平台或者 QQ 至少提前一天进行预约，如果情况特别紧急请务必告知工作人员。咨询中心有固定的值班安排，来访者可以先根据自己的空闲时间和对咨询师的要求，选择适合的咨询时段和咨询师。请在咨询前10分钟到达咨询接待室。

4．填写表格

为了让咨询师了解来访者的背景资料，提高咨询效率，请来访者填写《来访者登记表》及《来访者知情书》，咨询师会对来访者所填写的资料进行保密。

5．费用问题

咨询师服务的对象是全体在校学生，实行免费服务。

6．咨询理念

心理咨询的理念是"助人自助"，只有来访者自己才能真正解决自己的问题，不要过分依赖心理咨询。咨询老师不会替来访者出主意、做决定，但他们能帮助来访者成长，帮助来访者树立自信，学会决断。

7．单次咨询时长

一般每次咨询50分钟，不超过60分钟。如果一次谈不完，咨询师将为来访者预约下次咨询。如果您迟到，咨询仍会按预约时间结束。

8．咨询次数

心理咨询需要了解来访者的情况，并要在双方讨论、分析等互动下来解决问题，基本不可能一次就解决问题，为保证咨询效果，请坚持数次。通常每周一次比较合适。

9．咨询内容

咨询内容包括：涉及适应、学习、人际交往、自我认识、情绪调节发展、择业心理、性心理及恋爱心理等方面的发展性心理咨询，轻度心理障碍咨询和心理危机干预。不包括严重精神疾病的咨询。

10．咨询效果

心理咨询效果将受制于来访者当前困扰形成时间的长短；困扰对当前生活、工作、学习的影响程度；来访者对咨询效果的期待、寻求改变的意愿；以及咨询师、家庭支持、社会支持等诸多因素的共同影响。

11．保密原则及保密例外

保密原则是指咨询师对来访者的个人信息及咨询会谈的所有内容

严格保密。这是《中华人民共和国精神卫生法》和《中国心理学会临床与咨询工作伦理守则》中规定的职业操守，是咨询师必须严格遵守并执行的重要部分。

保密例外是指来访者有自杀、自伤、危及他人生命安全时，咨询师需要突破保密原则，及时联系来访者的紧急联系人，以保护来访者的生命安全；当来访者有违法行为被公安机关或检察机关调查时，咨询师将依据法律程序配合相关部门的调查。咨询师须在咨询开始时便告知来访者保密原则及保密例外，当出现保密例外情况时，咨询师需要在有条件的情况下告知来访者要突破保密原则，无须征得来访者同意。

12. 其他注意事项

（1）来访者缺乏诚意或不负责任，心理咨询师可以终止咨询工作。

（2）来访者在等待时不得喧哗，更不得随意闯入咨询室。

（3）来访者应尊重心理咨询工作人员，不得无理取闹或纠缠。

第二节 心理咨询的相关理论和研究

一、来自神经科学的研究

当我们身体生病的时候，我们会寻求医生的帮助。当家里的家电出了问题，我们也会找专业的维修工。对于任何专业化的事情来说，总有相对专业的人可以帮我们实现。也许我们自己或家人朋友也可以完成某些事情，但是专业人员可以让事情更好更快地完成。对于很多心理健康出现问题的人来说也是如此，但他们却总是不愿意寻求专业人员的帮助。

尽管我们强调自己才是自己的"救世主"，但是大家不要低估专业帮助的力量，研究证明专业帮助是有效的。专业的心理咨询可以帮助来访者带来积极正向的改变；修正大脑神经回路；改善来访者对快乐的获取能力；增强注意力，减轻压力、焦虑和抑郁；帮助来访者更好地帮助自己好转起来。来自神经科学的研究发现，心理咨询通过以下方式改变我们的大脑，发挥作用。

1. 心理咨询可以降低边缘系统活性

德国的一项研究发现，经过长时间心理分析的抑郁症患者其前额叶皮层的活性恢复到了与健康人群相似的水平，心理咨询在消除抑郁症的大脑活性方面的确取得了成功。如果来访者缺乏做事的积极性或者对曾经的爱好不再充满乐趣，行为激活疗法会对此产生效果。

2. 心理咨询会增强大脑的愉悦感

情绪低落时，人们通常会觉得各种活动都不再像以前那么有趣和吸引人。某些心理咨询技术有可能改变这一症状，减少消极负向的行为。例如行为激活疗法可以增强背侧纹状体的活性，促使我们更多地去做有趣的活动并保持好的习惯，可以重新让我们找到曾经的乐趣。

3. 心理咨询减轻焦虑的前额叶皮层活性

专注力（正念）的技巧以及行为激活疗法能够使大脑对悲伤的反应发生变化，同时伴随着抑郁、焦虑以及生理症状的减轻，并激活能增强乐观态度的脑区。心理咨询可以帮助来访者接纳自己的负面情绪，这样更有助于负面情绪的消散。

4. 心理咨询能够增强5－羟色胺功能

前额叶皮层的5－羟色胺有助于来访者更好地调节情绪和冲动行为，而心理咨询可以使大脑前额叶皮层的5－羟色胺受体数量增多，使来访者情况出现好转。

由此可见，对我们至关重要的内心，我们要转变以往的错误观念，适时接受专业心理咨询的帮助，有助于我们改善心理状态，以更佳的状态迎接未来的挑战。

二、心理咨询的理论取向

心理咨询的方法是以不同的理论为基础发展起来的，目前流行的心理咨询和治疗的方法很多，就理论基础而言，大致可以归纳为四大取向：精神分析、行为主义、人本主义、认知这四大理论取向。

1. 精神分析取向

精神分析取向或称为精神动力取向的咨询技术，指的是建立在精神分析理论上的心理咨询方法。精神分析认为来访者症状的起源是情绪和心理的冲突，一个人过去经历的痛苦和挫折会影响其人际互动的模式和行为方式。精神分析聚焦于对来访者的无意识心理过程进行分析，探讨这些无意识因素如何影响来访者目前的关系、行为模式和心理状态。咨询师会帮助来访者探寻痛苦及问题背后可能存在的原因，尤其是讨论问题与幼年的成长环境之间的关系，以便帮助来访者更好地应对当下的生活。

精神分析取向的咨询师会在咨询过程中利用共情、自由联想、诠释、面质、移情和反移情、释梦和修通等技术和内容帮助建立咨访关系、挖掘潜意识、厘清人际互动模式，最后达到缓解来访者症状、促进来访者人格成长的目的。在精神分析理论中，人格结构分为本我、自我和超我三部分，健康的人格中，三部分结构的作用是均衡和协调的。

精神分析取向的心理咨询提供的是一种细致且缓慢的了解过程，属于长程咨询，一般每周至少一次，并至少维持一年以上。也有咨询师根据来访者具体需要提供短期、断续和高频次的咨询。这种咨询方式比较适合有强烈咨询意愿、需要更深入探索潜意识、能够更细致处理问题、希望更加深刻体验生命意义的来访者。精神分析取向心理咨询重要的是咨询过程而不是咨询目标。

精神分析取向的优点是可以解决比较严重、较深层次的心理问题，但是缺点是过于主观和感性，解释随意性较强，咨询目标有时不够明晰，战线拉得较长，来访者难以坚持。

2. 行为主义取向

行为主义取向的咨询技术目的在于帮助人改变生活习惯，以获得良好适应。其理论根据是学习理论和条件反射的原理。行为主义取向的咨询技术有放松疗法、满贯疗法、系统脱敏法、厌恶疗法等。

（1）放松疗法。放松疗法又称放松训练。来访者按照一定的练习程序，学习有意识地控制或调节自身的心理生理活动，减低机体唤醒水平，改善那些因紧张刺激而紊乱了的功能。实践表明，心理生理的放松，均有利于身心健康，起到治病的作用。

（2）满贯疗法。满贯疗法让来访者直接面对或通过想象能产生强烈焦虑的环境，并保持一段时间，不允许来访者逃避，由于焦虑过程有开始、升高和下降的变化过程，最后来访者的焦虑会有所下降，经过多次训练最终达到预防回避行为的发生。但是对患有严重心血管疾病、哮喘、溃疡病的病人要慎用。

（3）系统脱敏疗法。美国学者沃尔帕认为，肌肉的放松状态与焦虑情绪状态是一种对抗过程，一种状态的出现必然会对另一种状态起抑制作用。在全身肌肉放松的状态下，各种生理生化反应指标都会表现出与在焦虑状态下完全相反的变化。因此，通过帮助来访者建立与不良行为反应相对抗的放松条件反射，将习得的放松状态用于抑制焦虑反应，可以使不良行为逐渐消退（脱敏），最终达到矫正不良行为的目的。系统脱敏疗法包括放松训练、制定焦虑等级表及脱敏治疗。

（4）厌恶疗法。在某一行为反应之后紧接着给予一种厌恶刺激，最终会抑制和消除此行为反应。来访者出现不良行为时，就给予带来痛苦的刺激，可以形成条件反射，使来访者对此不良行为产生厌恶感。例如在来访者想吸烟的时候在香烟上涂上令人恶心的气味制剂，在想玩游戏的时候播放游戏成瘾患者痛苦的画面。

行为主义取向的咨询技术比较适合一些有不良行为习惯、焦虑症、对药物和酒精依赖、自信心不足或者社交障碍的来访者。这一技术的优点是操作性强，来访者容易领会，有一部分来访者非常喜欢。因为只要来访者通过一定努力就能看见效果，方法和步骤也比较具体。但其缺点是将来访者的问题简单化，过于强调外在环境的作用，而忽略了来访者自身的体验和动力。

3. 人本主义取向

人本主义学派的主要代表人物是马斯洛和罗杰斯，以人本心理学为理论基础的人本主义咨询技术，主要目的是帮助来访者发展潜能，以达到自我实现的境界。人本主义心理学认为任何人在正常情况下都有着积极的、奋发向上的、自我肯定的、无限的成长潜力。如果人的自身体验受到闭塞，或者自身体验的一致性丧失、被压抑、发生冲突，使人的成长潜力受到削弱或阻碍，就会表现为心理病态和适应困难。

咨询师可以帮助创造良好的环境帮助来访者恢复正常人际交往、沟通，发挥潜力，改变来访者适应不良的行为。

人本主义所使用的一些基本的技术有共情的反馈、澄清、情绪反馈等，其咨询目的不是改变一个人的外界环境或改变其消极被动的人格，而在于协助来访者自省自悟，充分发挥其潜能，最终达到自我的实现。所以来访者是否自愿前来咨询很重要，如果来访者不觉得自己需要帮助，咨询就很难产生效果。人本主义的咨询师认为建立咨询关系非常重要，强调要对来访者报以真诚、尊重和理解的态度。当关系建立之后，咨询效果随之产生。

人本主义疗法适合主动求助的大部分来访者，但是不适合有精神疾病症状的各种精神病人。其优点是咨询关系良好，给来访者特别温暖的感觉。但缺点是对于不同心理发展水平的来访者，技术显得比较单一。

4. 认知取向

认知取向的咨询技术以认知心理学为理论依据，目的在于帮助来访者改变对人、对己、对事物的错误思想与观念，从而改善个人与其生活环境的关系。认知心理学流派个体的情绪不是由事件本身引起的，而是由个体对事件的解释和评价引起的，也就是个体对事件的认知是引发情绪的真正原因。而个体的认知模式跟其人格结构、过去经验和思维过程等有着密切关系，因而每个人对事物的理解千差万别。例如同样面对高考失败，有些人万念俱灰，认为自此再无出路，人生没有任何希望；有些人松了一口气，终于不用再面对学业，可以早早进入社会做自己擅长的事情；还有些人在痛苦后重整旗鼓，鼓励自己再次上路，复读重新证明自己，也给自己多一次机会……因此，这个世界上才会有这各种各样的人和事，有人遇到挫折后很快可以调整，有些人可能走入自己认知的死胡同里走不出来。

可见，任何情绪与行为都有认知因素参与，并由认知发动和维持。当来访者出现认知的局限和歪曲时，就容易引起情绪的紊乱和行为的适应不良。若要调整行为和情绪，就要先纠正错误的认知过程和错误的观念。认知取向的心理咨询技术就是让来访者能够理性思考，反思一下自己之前的消极观点是不是合理的，自己是不是在不知不觉中扭曲了事实。如果来访者能够意识到这些认知偏差，用更加符合逻辑、符合实际、积极开放的视角看待问题，就比较容易走出当前的情绪困扰。

认知流派的代表人物之一艾利斯认为常见的不合理信念有以下特征：第一，要求绝对化，对人对事要求完美，缺乏灵活性；第二，以偏概全，过分概括化，对人对事的评价往往只看到一个点，不够全面，如他人有一个小缺点就认为对方一无是处；第三，糟糕至极，总认为某件事情的发生会带来极其可怕和糟糕的后果，而自己对此无能为力，陷入过分担忧、焦虑甚至绝望的情绪当中。对此，咨询师一般会通过产婆辩论技术、合理情绪调节技术、认知性家庭作业、识别负性自动化思维、语义分析技术、想法的真实性验证技术、角色扮演和互换鼓励来访者用行为改变想法等方法来帮助来访者。

认知取向的技术比较适合悟性较高的来访者，不适合思维能力和领悟能力较低的来访者。其优点是理论基础比较好理解，操作性也比较强。缺点是来访者有时感觉自己的想法不断被分析、驳斥甚至否定，感觉自己的想法不被接受和理解，容易影响咨访关系甚至导致个案脱落。

第三节　心理咨询知识推广方式

一、班级中的日常推广

 **案例分析**

小霜今年大四，平时比较安静但是心情还不错。三年来她参加的实践活动不多，成绩排名不高。现在她面临毕业，不仅在毕业论文方面毫无头绪，还感觉自己的工作机会很渺茫，心里非常焦虑不安，做什么都静不下心来，觉得自己很没用，对不起家里人，心情越来越焦虑和烦躁。刚好学校有毕业生意见交流会，她作为毕业生代表之一参加了座谈会。学校想了解毕业生对学校的服务评价如何，小霜便提了她的想法："我听说其他学校有心理咨询中心，为何我们学校没有呢？"

分析：

实际上，小霜的学校每个校区都设有心理咨询室，而且每年的心理健康教育宣传活动也开展得有声有色，但是因为小霜平时没有需求所以对此关注不多，同时班里的心理委员平时除了收集报表，其他相关活动和信息从不转发，所以小霜一直以为学校没有设置心理咨询中心这一机构。经过学习，我们知道心理健康状况是会随着时间、事件或环境的变化而波动的。某一个时刻只有少部分人有心理咨询的需求，但是难免其他同学在其他时候会遇到困难进而需要心理咨询的帮助。如果没有做好日常的普及工作，同学们可能想不起来还有心理咨询这一条路可以选择，或者想寻求帮助的时候却求救无门。这就需要心理委员平时就做好相关的宣传工作，定期在班群里发送宣传知识和举办活动，在班级中营造起关注心理健康的氛围。

心理委员除了举办活动，还可以根据前面的心理咨询知识制作相关推文和海报，并附上学校心理咨询中心的联系方式和地址。虽然短期内可能看不到效果，但是持之以恒，总会帮到有需要的同学。

二、一对一朋辈咨询中的推广

当心理委员发现班里有同学遇到心理困惑，而自己通过朋辈心理咨询感觉该同学需要专业心理咨询时，心理委员可以跟该同学普及相关心理咨询知识，打消对方的心理顾虑，帮助其积极寻求专业帮助。心理委员要准确掌握本校心理咨询中心的联系方式、地点和预约方式，首要推荐该同学向本校心理老师求助。如果该同学实在抗拒在本校进行心理咨询，也可引导其向校外收费或公益机构寻求帮助，但是要提示风险，以免同学遭遇金钱上的损失，或对其造成身体、心理伤害。

 公益心理咨询热线推荐

由中国心理学会临床心理学注册工作委员会（注册系统）、中国心理学会临床与咨询心理学专业委员会联合发起，由湖北东方明见心理健康研究所承办的中国心理热线服务调查项目于 2020 年 2 月 15 日启动。经过该项目调查，有以下比较专业可靠的公益热线可以推荐（更多推荐请见中国心理学会临床心理学注册工作委员会（注册系统）公众号，链接为 https：//mp. weixin. qq. com/s/pQCKsBR_9vW_WNfT6mx aFw）：

①武汉市"心心语"心理援助热线，027 - 85844666。

②北京市心理援助热线，800 - 8101117（座机用户拨打），010 - 82951332（手机用户拨打）。

③北京大学心理援助热线，010 - 62760521。

④中国科学院大学——启明灯（远程心理援助项目），400 - 6525580。

⑤晨帆心理热线，010 - 86460770。

⑥春风心理热线，4006333858。

⑦广州市心理危机干预热线，020 - 81899120。

⑧佛山市心理援助热线，0757 - 82667888。

⑨汕头市 24 小时心理援助热线，0754 - 87271333。

第四节　拓展训练

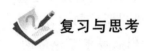

复习与思考

1. 心理咨询的对象有哪些？

2. 心理咨询的保密例外指什么？

3. 如何向有需要的同学推荐心理咨询？

拓展练习

1. 设计一篇推文或者海报，向班里同学普及心理咨询知识。

2. 设计一段向同学介绍心理咨询知识的话语。

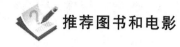
推荐图书和电影

1. 《登天的感觉》

本书作者是岳晓东。本书讲述了他在哈佛大学所做的 10 个心理咨询个案，以及他对每个个案的深入分析和处理技巧。作者在书中还深入浅出地介绍了心理咨询方面的科学知识。本书出版后曾多次再版，深受广大读者欢迎。

2. 《冲出逆境》

《冲出逆境》是由丹泽尔·华盛顿执导，安东尼·菲舍尔编剧，德瑞克·卢克、丹泽尔·华盛顿、乔伊·布赖恩特主演的传记电影，于 2002 年 12 月 19 日在美国上映。该片根据真人真事改编，讲述了有着悲惨童年经历的海军士兵菲舍尔在心理医生杰罗姆的帮助下，摆脱儿时阴影，重新找到人生目标的故事。

第七章

心理委员如何识别及转介心理障碍学生

 本章导读

在高校，有心理问题的学生需要寻求专业心理咨询服务，有心理障碍的学生则需要寻求专业医疗帮助。心理委员最重要的职责之一就是在身边同学出现心理障碍和精神疾病时能够及时发现并上报。要胜任这一职责，心理委员必须具备识别常见心理障碍的能力。只有掌握了这一能力，心理委员才能成为一个好的心理观察员，成为好的心理观察员，才能够成为同学们的知心朋友，成为学生和老师之间的桥梁。

本章首先帮助心理委员理解心理障碍的内涵和判断标准，构建心理障碍的知识和理论框架，同时为心理委员提供识别和判断心理障碍的操作性标准。详细介绍了大学校园常见的心理障碍和精神疾病，帮助心理委员了解各种心理障碍的特点、症状和诊断标准。最后在工作指南的部分，梳理了心理委员识别常见心理障碍时需要特别注意的事项。

第一节 认识心理障碍

一、心理障碍的定义与判断标准

心理障碍是指一个人由于生理、心理或社会原因而导致的各种异常心理过程、异常人格特征的异常行为方式，是一个人表现为没有能力按照社会认可的适宜方式行动，以致其行为的后果对本人和社会都是不适应的。

当心理活动异常的程度达到医学诊断标准时，我们就称之为心理障碍。心理障碍强调的是这类心理异常的临床表现或症状，不把它们当作疾病看待。

判断心理状态正常与异常的标准，人们通常是参照郭念锋教授制定的三原则：

（一）主观世界与客观世界的统一性原则

因为心理是客观现实的反映，所以任何正常心理活动和行为在形式和内容上必须与客观世界保持一致。如果一个人坚信他看到或听到了什么，而客观世界中，当时并不存在引起他这种感觉的刺激物，我们就可以认定他的精神活动不正常了，他产生了幻觉。比如有人总是听到有声音在耳边说："快从楼上跳下去。"而在现实中，这显然是并不存在的事情，那么我们就说他产生了幻觉。

如果一个人的思维内容脱离现实，和思维逻辑背离客观事物的规定性，并且坚信不疑，比如某个人觉得总是有人在身后嘲笑自己，或者某某明星钟情于自己，我们就可以认定他的精神活动不正常了，他产生了妄想。

（二）心理活动的内在协调性原则

虽然人类的精神活动可以被分为知、情、意等部分，但是它自身是一个完整的统一体，各种心理过程之间具有协调一致的关系。这种协调一致性保证人在反映客观世界过程中的高度准确和有效。比如明明在说家人去世了，自己很悲伤，可是脸上却在欢笑。或者向别人说自己得了奖学金，却使用很低沉的音调和忧郁的神情。

这就是认知、情绪、行为不协调，这种心理活动的内在不协调，都属于异常状态。

（三）人格的相对稳定性原则

在生活道路上，每个人都会形成自己独特的人格心理特征。这种人格心理特征一旦形成，便有相对的稳定性，在没有重大外界变革的情况下一般是不易改变的。如果在没有明显外部原因的情况下，人格相对稳定性出现问题，我们也要怀疑这个人的心理活动出现了异常。比如一个平时很小气的人突然之间变得大方，一个平时很沉默寡言的人突然非常热情开朗，一个平时很温和的人突然变得暴躁易怒，这都是心理异常的体现。

这三个标准，只要有一条不符合，那么我们就可以判定这个人的心理是异常的。三条都符合，我们就可以判定这个人的心理是正常的。

二、判断心理障碍的常用方法

1. 内省经验标准

这有两个方面的经验：一是个体自己的主观经验，二是观察者的经验。

个体自己的主观经验是指：个体自己感到不同于以往，如体验到情绪低落、不高兴或压抑，并且感到痛苦。

观察者的经验是指：观察者根据自身的经验观察到患者的行为不同于以往，亦可以认为异常。这种判别方法往往会受到观察者本人的经验、知识水平、观察角度和情感倾向等主观因素的影响，因此存在一定的局限性。

2. 社会适应标准

因人的行为与环境是相互协调、相互一致的。因此心理正常的人总是能够调整自身的需要、动机、情感和愿望，以适应社会准则、伦理道德、风俗习惯等社会要求。在正常情况下，个体的行为能适应环境，并参与改造环境；他的行为应符合社会准则，根据社会要求和道德规范行事，因此人的行为总是与环境协调一致。如果个体出现了社会适应不良，则反映他的心理活动可能异常。但人的社会适应行为和能力受时间、地点、文化、风俗等因素的影响，故社会适应标准要根据具体情况而定。

3. 统计学标准

统计学标准认为，人们的心理测量结果通常呈正态分布，居中的大部分人属于心理正常范围，两端被视为"异常"。因此，确定一个人心理正常与否，要看其偏离正常人心理特征的平均水平程度。也就是说，一种心理活动在同等条件下若为大多数人所具有则属于正常，若背离了大多数人的一般水平就是异常。人们已经设计出不同的心理测量技术用于测定不同的心理特征。根据某一个体的测量结果与正常人群测量结果的比对就可以区分出正常、异常的临界状态，如智商：低于 70 定为异常，70～90 定为临界状态，90 以上为正常。临床量表也利用类似的原理设计，其结果可供临床参考。

4. 操作性标准

一种快速识别心理障碍的操作性方法是四字要诀法。这四个字分别是"怪""荡""困""扰"。"怪"指的是离奇怪异的言行，比如听到不存在的声音，总是怀疑有人跟踪自己，穿反了衣服外出而毫无知觉；"荡"指过度的情绪体验，比如遇到很小的挫折就出现过度的悲伤和抑郁，很小的成功结果表现出过度的骄傲和狂躁；"困"指社会功能不完整，比如无法正常上课和学习，睡眠和饮食出现障碍；"扰"指影响他人的生活，比如有的人自己不觉得有问题，但他偏激的思维方式和人际关系模式会让身边的人烦恼痛苦。如果出现以上情况，可以初步判定其可能存在心理障碍。

第二节　大学生常见心理障碍

中国精神卫生调查（CMHS）是一项具有全国代表性的横断面流行病学调查，收集了来自中国除港澳台地区的 31 个省、自治区及直辖市，157 个国家 CDC 疾病监测点（县/区），共 32552 人的样本信息。该调查表明，焦虑障碍是患病率最高的一类精神障碍，达到 5.0%；其次为心境障碍，发病率为 4.1%；精神分裂症及其他精神病性障碍的加权终身患病率为 0.7%（来源：医脉通精神科，微信公众号 ID：medlive-psychiatry）。对于心理委员来讲，需要熟练掌握大学生常见心理障碍的症状和诊断标准。

一、精神分裂症

（一）特点

发病率约为 0.7%，男性多于女性；以精神活动的不协调或脱离现实为特征，意识清晰、智能完好，多起病于青壮年，发病高峰年龄为 15～25 岁，常缓慢起病，病程迁延，有慢性化倾向和精神衰退的可能，但部分病人可痊愈。遗传和环境共同起作用（大约各占 50%）。

（二）症状

精神分裂症的症状主要包括四种。

1. 感知觉障碍

感知觉障碍是指患者对客观事物失去了正常反应的能力。包括幻听、幻视、幻嗅、幻触等各种幻觉。

（1）幻听：听到了事实上不存在的声音。例如，一个人在我们上课的时候听到了有一个男性的声音命令他"你必须站起来，走出教室左转……"，这就是命令性幻听。

（2）幻视：看到实际上不存在的事物。例如，有一个男性精神病患者，有一天晚上，看到了济公站在他面前，对他说："你有责任去治病救人，你必须这样做。"这个病人既有幻视，同时还有幻听。

2. 思维障碍

思维障碍是指患者的思维活动内容、形式和体验出现异常。

（1）被动体验：正常人对自己的精神和躯体活动有着充分的自主性，即能够自由支配自己的思维和运动，并在整个过程中时刻体验到这种主观上的支配感。但在精神分裂症患者这里，常常会出现精神和躯体活动自主性方面的问题。患者丧失了支配感，感到自己的躯体运动、思维活动、情感活动、冲动都是受人控制的，有一种被强加的被动体验，常常描述思考和行动身不由己。

（2）妄想：妄想的荒谬性往往显而易见，妄想的内容明显不符合常理，更缺乏事实依据。最常见的妄想是被害妄想和关系妄想。

 **案例分析**

　　某校大二学生，在经历了学习挂科、和好朋友关系破裂等打击之后，突然表现出精神的异常。某天晚上，他突然站到宿舍的桌子上开始唱歌，舍友说他打扰大家休息，他说舍友是嫉妒他的唱功，说自己的女朋友正在听他唱歌。实际上，该同学并没有女朋友。鉴于该同学表现出明显的异常，学校一边通知家长一边安排了保安看护该同学。该同学趁保安不备，突然闯出了保安室，跑进女生宿舍，疯狂地敲某名女生宿舍的门，说是找自己的女朋友。实际上，该女生和这位同学不在一个班级，只是在一起上过公共课。这名同学已经分不清现实和想象，把和自己现实中没有关系的女孩子想象成了自己的女朋友。

　　分析：

　　该生出现了明显的关系妄想，妄想的男女关系与现实严重不符，是比较典型的精神分裂症状。

　　（3）思维联想障碍包括：逻辑思维混乱，患者说的话其他人很难听得懂；严重者出现思维散漫和思维破裂，患者说话前言不搭后语，他人完全听不懂；思维贫乏，语量减少，回答问题异常简短。

　　3. 情感障碍

　　情感障碍是指患者的情绪反应让人无法理解，主要为情感倒错、情感迟钝或平淡。

　　（1）情感倒错：患者情感反应与现实刺激完全不相关，甚至完全相反。例如，患者听到了姐姐去世的消息，却大笑不止。

　　（2）情感淡漠：患者有可能表情淡漠、缺乏变化，同时自发动作减少，缺乏体态语言，在谈话中很少或几乎根本不使用任何辅助表达思想的手势和肢体语言。

　　4. 意志行为障碍

　　意志行为障碍是指患者表现为意志行为减退，比如患者一反原来积极、热情、好学上进的状态，变得马虎，不负责任，甚至旷课，学习成绩下降，不专心听讲，不愿交作业，甚至逃学；或生活变得懒散，仪态不修，没有进取心，得过且过，常日上三竿而拥被不起。

 **案例分析**

有一个宿舍的三个女生很惊恐地来到咨询室，告诉咨询老师，她们宿舍有个女生最近的表现很奇怪，她经常起床很晚，然后起来了也不刷牙洗脸，更不去上课，就抱着被子，坐在床上，瞪着对面的墙，一坐就是一天。别人叫她她也不去吃饭，非得等别人打饭给她，并且催着她吃，她才会勉强吃，吃几口又不吃了。后来咨询师请辅导员联系家长，协助把这个女孩送到医院，确认为青春型精神分裂症。

分析：

该女生作息、饮食、卫生习惯等出现了明显的意志减退，属于典型的精神分裂症状。

（三）早期识别精神分裂症的指标

（1）怪异：言谈举止与大多数人不一样，或不符合现实处境。

（2）敏感：对他人与自己无关的言行非常敏感，常常认为是针对自己的。

（3）敌对：认为他人处处针对自己，和自己作对。

（4）内向化，不愿与人交往。

（5）社会功能迅速下降。

二、神经症

神经症又名神经官能症，是一组精神障碍的总称，包括神经衰弱、强迫症、焦虑症、恐怖症、躯体形式障碍等。

《中国精神障碍分类与诊断标准（第三版）》（CCMD–III）中神经症的描述性定义为："神经症是一组主要表现为焦虑、抑郁、恐惧、强迫、疑病症状，或神经衰弱症状的精神障碍。本障碍有一定人格基础，起病常受心理社会（环境）因素影响。症状没有可证实的器质性病变作基础，与病人的现实处境不相称，但病人对存在的症状感到痛苦和无能为力，自知力完整或基本完整，病程多迁延。各种神经症性症状或其组合可见于感染、中毒、内脏、内分泌或代谢和脑器质性疾病，称神经症样综合征。"在 CCMD – III 中将神经症分为六个亚型：焦虑症、恐怖症、神经衰弱、躯体形式障碍、强迫症、其他或待分类的神经症。

大学校园发病率较高的神经症包括以下几种。

（1）惊恐障碍：经历无法预期的惊恐发作后，持续担心再一次出现惊恐发作或惊恐发作时的某些表现，如感到就要死去或发疯了。

（2）广场恐惧症：担心在难以逃避、窘迫的或不易得到帮助的情境中会出现惊恐发作或惊恐样症状。这种焦虑通常会导致对某些特定情境的回避（如人多的场所或独自旅行）。

（3）社交恐惧症：担心万一出丑或出现明显的焦虑症状时被人审视或评论。这些焦虑通常导致某些情境的回避，如：在人前进食、演讲或书写，或社交机会。

（4）特定的恐惧症：对特定的物体或情境有持续的、不合理的恐惧，如幽闭恐惧（恐惧封闭的空间）、恐惧动物或恐惧高处，这种担心通常会导致对那些物体或情境的回避。

（5）广泛性焦虑障碍：对生活的诸多方面都有过度和持续的担心，包括家庭、健康、工作或经济情况。

（6）强迫症：出现难以控制的不愉快和侵入的强迫思维，如担心污染或伤害自己和家人。这种强迫思维常导致不能控制的强迫仪式行为如反复清洗、检查、计数等。

 **案例分析**

某大学的一位大二女生，上厕所时，手机不小心掉进了马桶，当时不假思索地用手捞了上来。此后出现强迫性的洗手习惯，一定要反复洗 50 次，才能放松下来。如果一时忘了次数，就会罚自己到广州大佛寺磕头 50 次，祈求佛祖的原谅。

分析：

该生出现了难以控制的强迫行为，是典型的强迫症症状。

三、心境障碍

以明显而持久的心境高涨或心境低落为主的一组精神障碍，并有相应的认知和行为改变。

在正常生活中，生活事件不断刺激情绪产生，每个人每天都有一定程度的情绪波动，但是这种波动持续的时间比较短暂，一般一周之内，情绪波动会逐渐缓解。而情感性精神障碍患者出现情绪波动的持续时间比较长，往往迁延两个月以上，中间偶有缓解，但是其主要的情绪特征非常突出，比如情绪低落，觉得自己什么都不好，感到不开心，或者情绪非常高兴，觉得自己好像"超人"，什么都可以做到。有些病情较严重的患者甚至会出现幻听、妄想等症状。这些症状出现在情绪特征之后，并且与患者的情绪状态息息相关。

本类疾病大多有反复发作倾向，治疗缓解后或发作间期精神状态基本正常，但部分患者有残留症状或转为慢性，迁延不愈。本类疾病主要包含抑郁症和双相情感障碍，而从情绪上来分类，主要是躁狂发作和抑郁发作。

（一）抑郁症

大学生的抑郁风险随着年龄的增长而显著增加，年轻学生的风险低于年长学生。想家、孤独、经济压力、学业压力、自尊心受打击、恋爱问题、人际关系等，这些都有可能成为抑郁症的诱因。

世界卫生组织表示，抑郁症是导致人们不健康的主要原因，目前全球有 3 亿多人患有这种疾病。

1. 抑郁的主要症状

抑郁的特点为"三低症状"，情绪低落，思维缓慢，语言动作减少和迟缓。

（1）情绪低落：是抑郁症的核心症状。每个人都有情绪低落的时候，但是抑郁症患者的悲伤严重到会想要自杀，采取很残酷的方式结束自己的生命，其内心的痛苦可想而知。与其他人在挫折的影响下感到情绪低落不同，抑郁症患者的情绪低落是无缘无故的，生活中的任何事情都无法让他们感到快乐，即使过去最感兴趣的爱好现在也索然无味。

（2）思维缓慢：受到抑郁症状的影响，抑郁症患者的思维活动明显受到抑制，表现为反应迟钝，思考困难，如同"锈住了"一样，患者自己明显感到"不如以前聪明，变笨了，明明以前会的东西，现在退化了，不懂了"。因为思维速度变慢，说话也变得困难，觉得自己笨嘴拙舌。

（3）语言动作减少：在身体活动上，患者感到浑身乏力，不愿动弹，连简单的日常生活活动做起来都感到十分吃力，比如起床吃东西，或者洗脸刷牙等，因此能不做就不做，哪怕是基本的生活需要，也尽量减少，整日待在一处。

在"三低症状"下，患者还具有以下症状。

（1）自我评价降低。在抑郁情绪的影响下，患者往往自我贬低，自我责备，认为自己什么都做不好，对不起家人，对不起朋友。有时候他们会把过去芝麻丁点的"失误"放大很多倍，甚至夸大成为不可饶恕的"滔天大罪"，抑郁症患者的自卑自罪和悲观绝望情绪往往是导致病人自伤自杀行为的原因。

 案例分析

有一位学生曾经拿过别人的一针一线没有及时归还，在抑郁症的影响下，患者认为这是"严重的盗窃"，一而再地要求接受严厉的处罚，甚至会认为"除了以死谢罪"，没有其他办法可以得到宽恕。

分析：

正常人对错误的认知会处于正常的范围，但是该生对自己的错误行为产生认知偏差，而且思维变得狭窄，除了死亡找不到其他解决方法，是典型的抑郁症症状。

（2）失眠。失眠是抑郁症的常见症状之一，除了入睡困难外，尤以早醒为其特点。有的患者每天凌晨两三点就醒了，就无法再入睡。此时的患者往往处于情绪最低的状态，眼睁睁地望着天花板，不知如何方能熬过痛苦而漫长的一天。不少抑郁症患者，就是在这个最痛苦的时刻采取了自杀行为。这种情绪低落具有晨重晚轻的特点。到了下午，大部分患者的情绪会出现好转，甚至好像恢复了正常的生活，甚至可以参与娱乐活动。但若未经治疗，患者会在第二天重复经历情绪低落。

（3）躯体感受异常。除了以上的症状外，抑郁症患者在躯体上也有异常体验，表现为食欲减退，哪怕吃之前喜欢的食物也没有快感；体重减轻，女性还会表现出月经失调乃至闭经。

需要指出的是，上述症状并不是每个抑郁症患者都全部具备，每个患者表现出的症状不同，多数患者往往只有其中几项。如果是轻度抑郁，患者可能仅仅表现为情绪欠佳，兴趣不高，睡眠减少，焦虑不安等，容易被误认为"神经衰弱"，从而延误治疗。

2．抑郁发作的识别信号："五无"

"五无症状"，是指患者自我感觉无趣，无用，无望，无助，无价值。

3．抑郁症的处理

（1）药物治疗是抑郁症治疗的主流方法；治疗愈早，效果愈好。

（2）药物对 75% ～ 85% 的患者治疗有效。

（3）治疗可使患者恢复至病前水平。

（4）充分的疗效可能需要治疗一两个月。

（5）充分时间的治疗可预防症状的复发。

 案例分析

前两年微博上热议的台湾女作家林奕含由于小时候被上补习班的老师性侵而患上抑郁症，最终敌不过病魔而选择上吊自杀。和她同一所高中的人说，当时林患上抑郁症要去看医生，因为不想被周围的人知道，每次都要偷偷从台南开车到台北去看病，而这漫长的车程对她来说本身就是一种煎熬。

分析：

患上抑郁症的人中，15% 的人最终会选择自杀，70% 的人曾出现过自杀的想法。我们知道的名人中，不少人因为抑郁症离世。三毛、陈琳、张国荣、乔任梁……令喜欢他们的人震惊及惋惜。如果在他们患上抑郁症之前，身边有及时提供他们倾诉内心痛苦的机会，抑或是身边的人能对他们多一点包容和理解、少一点压力与不解，那可能这些悲剧就不会发生了。

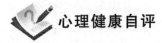 **心理健康自评**

抑郁自评量表：SDS（Self-Rating Depression Scale）

SDS 目前广泛应用于门诊病人的粗筛、情绪状态评定以及调查、科研等，不能用于诊断。

测试说明：

本评定量表共有 20 道题目，分别列出了有些人可能会有的问题。

请你仔细阅读每一条目，然后根据最近一星期内你的实际感受，选择一个与你的情况最相符合的答案填入该题前面的括号内，其中，A 表示没有该项症状，B 表示在较短的时间内有该项症状，C 表示相当多的时间有该症状，D 表示绝大部分时间或全部时间有该项症状。

请你不要有所顾忌，应该根据自己的真实体验和实际情况来回答，不要花费太多的时间去思考，应顺其自然，应根据第一印象做出判断。

注意：测验中的每一个问题都要回答，不要遗漏，以避免影响测验结果的准确性。

测试内容

（　　）1．我觉得闷闷不乐，情绪低沉。

（　　）2．我觉得一天之中早晨最好。

（　　）3．我想一阵阵哭出来或觉得想哭。

（　　）4．我晚上睡眠不好。

（　　）5．我吃得跟平常一样多。

（　　）6．我与异性密切接触时和以往一样感到愉快。

（　　）7．我发觉我的体重在下降。

（　　）8．我有便秘的苦恼。

（　　）9．我心跳比平时快。

（　　）10．我无缘无故地感到疲乏。

（　　）11．我的头脑跟平常一样清楚。

（　　）12．我觉得经常做的事情并没有困难。

（　　）13．我觉得不安而平静不下来。

（　　）14．我对将来抱有希望。

（　　）15．我比平常容易生气激动。

（　　）16．我觉得做出决定是容易的。

（　　）17．我觉得自己是个有用的人，有人需要我。

（　　）18．我的生活过得很有意思。

（　　）19．我认为如果我死了别人会生活得好些。

（　　）20．平常感兴趣的事我仍然照样感兴趣。

评估参考：

本量表包含 10 道反向计分题。正向计分题 A、B、C、D 按 1、2、3、4 分计；反向计分题按 4、3、2、1 计分。

反向计分题号：2、5、6、11、12、14、16、17、18、20。

指标为总分。将 20 个项目的各个得分相加，即得粗分。标准分等于粗分乘以 1.25 后的整数部分。总粗分的正常上限为 41 分，标准总分为 53 分。

抑郁严重度 = 各条目累计分/80

结果：0.5 以下者为无抑郁；0.5 ～ 0.59 为轻微至轻度抑郁；0.6 ～ 0.69 为中至重度；0.7 以上为重度抑郁。仅作参考。

注意事项：

（1）SDS 主要适用于具有抑郁症状的成年人，它对心理咨询门诊及精神科门诊或住院精神病人均可使用。对严重阻滞症状的抑郁病人，评定有困难。

（2）关于抑郁症状的分级，除参考量表分值外，主要还要根据临床症状。量表分值仅能作为一项参考指标而非绝对标准。

（二）躁狂症

1．躁狂症的主要特点

躁狂症发作特点主要表现为"三高症状"，情绪高涨，思维奔逸，精神运动性兴奋。

（1）情绪高涨：指高兴愉快到欣喜若狂，但是与处境不相称。比如患者觉得自己非常"聪明"，脑子灵活，觉得自己能力很强大，发展不可限量。

 **案例分析**

有一名大学生在躁狂发作的过程中觉得自己是超人，胆子特别大，从三米多高的围墙上向下跳，骑着车在马路上横冲直撞，不让汽车，而且自我感觉良好，连续好几天夜里几乎不睡觉，一会儿学外语，一会儿做习题。虽然他情绪高涨，精力充沛，不感到疲乏，但是注意力不集中，而且容易随境转移，难以持续进行一项活动，不断改变计划和活动。而且他自我评价过高，有明显的夸大成分，说自己以后要当上国家领导人。

分析：

该生出现了明显的情绪高涨，情绪与现实不符，自我感觉过于良好，自我评价过高，是典型的躁狂状态。

（2）思维奔逸：躁狂发作的患者会表现出思维奔逸，语速快，言语急迫，脑子特别快，怎么快速地说都赶不上脑子的运转，在谈话过程中常常会有明显的联想加快和意念飘忽，话题转换很快，思路常常变化，有时候会让对方不能理解患者的谈话主题。

（3）精神运动性兴奋：躁狂症发作的患者行为活动增多，好像一直停不下来，难以安静，但是患者的行为多数很鲁莽，不计后果，比如挥霍、不计后果的行为，过分冒险，完成任务虎头蛇尾不负责任。

还有些躁狂症患者表现为易激怒，极其容易与人产生矛盾，发脾气，一点点小事也表现出极大的难以克制，而且患者在发脾气的时候会出现冲动行为，比如和人吵架打架，采取暴力行为，不计后果。

（三）双相情感障碍

双相情感障碍表现为情绪高涨与情绪低落交错发作。发病以来，既有躁狂或轻躁狂发作、又有抑郁发作的一种心境障碍。躁狂发作常持续一周以上，抑郁发作常持续两周以上，躁狂和抑郁交替或循环出现，也可以混合方式同时出现。一般呈发作性病程，每次发作后进入精神状态正常的间歇缓解期，大多数病人有反复发作倾向，部分可有残留症状或转为慢性。

1. 双相情感障碍的主要特点

根据躁狂抑郁发作的轻重进行分类，是目前临床常用的分类。双相障碍分为：双相Ⅰ型：躁狂发作明显且严重，又有重性抑郁发作；双相Ⅱ型：躁狂发作一般较轻，其抑郁发作明显而严重；双相其他型：躁狂或抑郁发作均不严重。

双相情绪障碍的混合状态指在同一时间段内（至少持续两周），同时存在躁狂和抑郁的表现，如抑郁心境下表现出言语和活动增多，躁狂状态下表现为烦躁不安、精力不足等，有时躁狂和抑郁在一天内快速转换。快速循环发作指过去12个月中，至少有4次情感发作，发作形式不限，可以是轻躁狂或躁狂发作、抑郁发作，或混合发作。

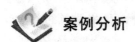 案例分析

有个学生刚入学不久，老师和同学就发现了他情绪很低落，经常哭泣，郁郁寡欢，谁也不理，也不愿意上课，学业难以维系。家人把他接回家之后对他进行了一段时间的治疗，到年底的时候他基本上恢复了状态，可以回到课堂上课和参加考试，也开始和同学交流，并且有了笑容。但是3月份开始，老师和同学发现他好像完全变了一个人，精力充沛，几乎不睡觉，特别开朗外向，滔滔不绝，经常主动请客，发表很长的博客文章，并且文章中充满了豪言壮语和感叹号，但仔细看起来，跟他自己的生活都不相关。经诊断，他是双相情感障碍，而且据了解，他从初中时期起，就已经有了这种类似的情感障碍的表现。

分析：

该生的抑郁和躁狂症状交互出现，是典型的双相情感障碍。

2. 双相情感障碍的治疗

双相障碍是情绪性精神障碍中最难以治疗的一种。如不治疗，易

反复发作，长期的反复发作，导致患者疾病慢性化、人格改变和社会功能受损。由于病前的人格和疾病症状的影响，患者酒依赖、物质滥用、药物依赖发生率高。抑郁发作时由于情绪低落、悲观厌世可出现自伤自杀，自杀发生率高，躁狂发作时由于情绪极度烦躁，冲动控制能力弱，有可能出现伤人、毁物。严重躁狂状态时，由于冲动控制能力弱，判断力受损而做出非理智行为，有可能出现行为轻率、不顾后果，随意挥霍、盲目投资，乱交友、乱性行为，伤人、毁物。无论抑郁发作还是躁狂发作，在发作时，患者的工作、学习、生活、交往能力都可能受到损害。因此，一旦确诊为双相障碍，应积极治疗，以避免不良的后果发生。

四、应激相关障碍

1. 特点

应激相关障碍是由心理、社会（环境）因素引起异常心理反应而导致的一组精神障碍。

2. 分类

（1）急性应激障碍：急剧、严重的精神打击刺激后，数分钟或数小时内发病，主要表现为意识障碍，意识范围狭隘，言语缺乏条理，对周围事物感知迟钝，有强烈恐惧，精神运动性兴奋或精神运动性抑制。

（2）创伤后应激障碍（延迟性心因性反应，PTSD）：在遭受强烈的或灾难性精神创伤事件之后，数月至半年内出现的精神障碍；创伤性体验反复重现、面临类似灾难境遇可感到痛苦和对创伤性经历的选择性遗忘。

 小知识

什么是 PTSD？PTSD——Post-traumatic Stress Disorder，创伤后应激障碍。最早源于"一战"，战后很多士兵会不断闪回战场的片段，纷飞的残肢、流血的面孔、巨大的爆炸声，虽然表面上看他们是个常人，但

他们的内心却不断地陷入这些惨烈的场景，很多退伍士兵选择酗酒来麻醉自己（回避和创伤事件相关的痛苦回忆、思想和感觉以及外部提示），大部分人后半生生活在战争的阴影中。PTSD在近些年被更多地提及，人们也开始逐渐意识到重大创伤对于人的影响是多么深远。

在一些关于战争的电影中也看得出来，哪怕是在和平年代，记者的闪光灯、庆祝的礼炮、赛场起跑线的汽枪声都会让他们过度警觉地跳起来，让他们仿佛重新回到了战场。

五、人格障碍

1. 定义

人格障碍是指人格特征显著偏离正常，根深蒂固且持久存在的行为方式，对环境适应不良，明显影响其社会和职业功能，患者自己感到精神痛苦或使他人痛苦。

2. 分类

人格障碍主要分为以下几类。

（1）偏执型人格障碍——以猜疑和偏执为特点。

（2）分裂型人格障碍——以观念、行为、外貌装饰的奇特、情感冷漠、人际关系明显缺陷为特点。

（3）反社会型人格障碍——以行为不符合社会规范，具有经常违法乱纪，对人冷酷无情为特点。

（4）冲动型人格障碍（攻击型人格障碍）：以阵发性情感爆发，伴明显冲动性行为为特征。

（5）表演型人格障碍（癔症型人格障碍）：以过分感情用事或夸张言行以吸引他人注意为特点。

（6）强迫型人格障碍：以过分要求严格与完美无缺为特征。

六、网络成瘾

中国互联网络信息中心（CNNIC）在京发布的第44次《中国互联网络发展状况统计报告》显示，截至2019年6月，我国网民规模达8.54亿，互联网普及率达61.2%，我国手机网民规模达8.47亿，位居世界之首。（来源：中国国信网）在我国，大学生是网络普及率最高的人群，网络已经成为大学生学习与生活中不可或缺的工具。而与网络普及相伴随的，是大学生对互联网的依赖日益加深，甚至出现沉迷于网络虚拟世界难以自拔的现象，形成"网瘾"问题，这需要引起高度重视。2008年11月8日，我国首部《网络成瘾诊断标准》通过专家论证，此标准报批国家卫生部后，网络成瘾被正式纳入精神病诊断范畴（来源：中国新闻网）。

网络成瘾指个体反复过度使用网络导致的一种精神行为障碍，表现为对使用网络产生强烈欲望，突然停止或减少使用时出现烦躁、注意力不集中、睡眠障碍等。按照《网络成瘾诊断标准》，网络成瘾分为网络游戏成瘾、网络色情成瘾、网络关系成瘾、网络信息成瘾、网络交易成瘾5类。

符合以下8个标准，持续时间达到3个月，并导致社会功能受损（如辍学、失业、人际关系冲突），就构成网络成瘾的诊断。

（1）上网占据了患者的整个思想与行为，表现为强烈的心理渴求和依赖；

（2）为获得满足感不断增加上网时间和投入程度，表现为耐受性增强；

（3）停止或减少上网会产生消极的情绪体验，如情绪低落、烦躁不安、焦虑和易激惹，体现了戒断反应；

（4）上网导致睡眠节律紊乱、倦怠、颤抖、视力减退、头晕、食欲不振等躯体反应；

（5）将上网视为缓解痛苦的唯一办法；

（6）想控制减少或停止上网的努力一再失败；

（7）对他人隐瞒迷恋网络的程度；

（8）因使用网络而放弃其他活动的爱好。

在界定网瘾时，具体上网内容也是重要的判定因素，统计数据充分显示大学生将较多精力用在网络社交和娱乐活动上，进行网络学习的时间相对较少。大学生将多达70%的上网时间花费在娱乐、社交等与学习无关的事情上，网络学习在大学生网络生活中所占比例不高。

调查发现，95%以上的大学生使用网络进行娱乐活动，网络游戏、网络影音、网上虚拟经营、网购等多样化的网络娱乐方式正以惊人的速度普及开来。60%的同学表示对网络游戏有着不同程度的依赖；58%的同学表示对网购存在不同程度的依赖；54%的同学表示对网络影音等其他网络娱乐方式有着不同程度的依赖（来源：《中国发展观察》，2016年10月25日）。

结合调研所得数据，我们认为大学生网络成瘾主要有以下几个原因：相对宽松的大学管理环境、网络社交与娱乐的较强吸引力、网络虚拟中创造"新我"、信息化时代下的网络侵蚀。

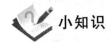 **小知识**

很多人对于心理障碍存在的错误认知，一定程度上导致了患者就诊率低的现象，也造成了很多人对具有心理障碍的人的歧视。有这样一些错误的认知。

1. **错误认知一：心理障碍就是变态想法，不可理喻，胡言乱语，疯疯癫癫等。**

事实上心理障碍患者中更多的还是一些内隐的相对不易察觉和分辨的症状，如魂不守舍、事倍功半、郁郁寡欢、生无可恋、杞人忧天、谨小慎微、疑神疑鬼、患得患失、歇斯底里、无病呻吟、夜不能寐等。而这些症状也容易与状态不佳混淆。

2. **错误认知二：心理障碍的人是会"作"。**

特别是对于那些内隐得相对不易察觉和分辨的症状，很多患者和家属怀有一种类似宗教信仰的"信则有，不信则无"的态度。他们认为根本不存在什么心理疾病，那些人只是"会作""没事找事"造成的心里难受而已。因为人会受到暗示作用，会无意识地向自己的标签靠拢。于是侥幸认为只要不相信患病，不治疗，就没什么病。其结果往往是延误治疗，造成不可挽回的局面，因此终身患病，而由此导致极端消极行为的患者也不在少数。

患者和家属都需要承认心理疾病的真实存在，积极配合治疗，知道治疗后能康复，等等。而且当患者意识到自己的很多不得当的行为是由疾病导致的时候，他们的心理压力也会小很多，也更利于他们重新站起来。

3．错误认知三：心理障碍是由意志不够坚强造成的，应该磨炼意志，猛灌鸡汤。

很多患者被披上了不够坚强的外衣，平添了很多压力和不理解，这也让那些摇摆不定的患者或家属不大愿意承认心理障碍。即使承认了心理障碍，他们也会倾向于用磨炼意志和猛灌鸡汤的方式解决问题。他们会认为这两种方式谁都能做，医生和心理治疗师也不过如此，不需要找他们治疗。其实这只是在透支患者的能量，再次倒下后患者面对的将是深渊一样的绝望。

事实上很多患者的意志比平常人要坚强得多。他们会倒下并不是因为他们意志不够坚强，而是因为他们承受的压力是平常人的几倍甚至几十倍。

所以很多人对患者"要坚强点"类的教导或"不够坚强"类的批评也都是站着说话不腰疼，并没有真正理解患者。

4．错误认知四：寻求帮助代表愚蠢、软弱、可耻。

闻道有先后，术业有专攻。没有全能的人可以处理好所有的事情。

5．错误认知五：心理障碍可以自行调整康复。

有些患者或家属认为他们已经弄清楚了心理的病因所在，剩下的只要患者自己慢慢调整就好了，医生和心理治疗师也帮不上什么忙了。

其实，除了患者的自己努力之外，药物和心理技术的结合运用，包括家庭、社会环境的温暖、关怀、支持，对于康复是至关重要的，它们能大大加强调整状态的力量，将神经系统调整为正常的状态，并保持正常状态。

七、心理委员工作指南

能够及时地发现身边同学的精神或行为异常，是心理委员的核心胜任力。为了做好常见心理障碍的识别，在日常的工作中，心理委员需要注意以下事项。

（1）心理委员应该熟练掌握抑郁症、焦虑障碍、精神分裂症等大学校园发病率较高的心理障碍的诊断标准和基础知识。

（2）心理委员最重要的职责是心理观察，最重要的是当身边的同学出现心理异常时能够及时上报辅导员和心理健康教育与咨询中心，不需要做直接的治疗或干预。

（3）虽然心理委员不需要承担治疗和干预工作，但仍鼓励心理委员以朋友的身份为罹患心理障碍的同学提供陪伴和倾听的支持。

（4）心理委员不是单打独斗的，遇到任何工作方面的困难都可以向心理健康教育与咨询中心的老师寻求支持。

（5）心理委员要注意自身的心理健康，学习照顾自己和关心自己，自己内心充满阳光，才能给别人更多的温暖和力量。

第三节　拓展训练

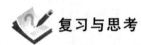 复习与思考

1．大学生比较常见的心理障碍有哪些？
2．应当如何帮助周围有心理障碍的人？
3．抑郁症的主要症状有哪些？
4．心理委员如何做好自身心理健康的维护和照顾？

 拓展练习

熟记大学校园最常见的几种心理障碍的诊断标准，比如抑郁症、焦虑症和精神分裂症。试着准备在班会上进行一场 10 分钟主题演讲，帮助班级同学了解常见心理障碍的预防和识别方面的知识。

 推荐图书和电影

1．《森田疗法与新森田疗法》

"森田疗法"又叫禅疗法、根治的自然疗法，由日本东京慈惠会医科大学森田正马教授（1874—1938）创立，在强迫症、社交恐怖、广场恐怖、惊恐发作的治疗，另外对广泛性焦虑、疑病等神经症，还有抑郁

症等有良好的疗效。森田疗法的许多理念吸收了中国儒道文化的思想，如顺应自然、为所当为、不安常在、无所住心等非常值得学习和借鉴。

2.《自闭历程》

这部电影根据自闭症人士葛兰丁·天宝的亲身经历改编，是一部关于高功能，并且有特殊才能的自闭症人士成长经历的电影。电影中对于精神障碍患者的内心世界和生活现实有非常丰富的表现。观看这部电影，可以帮助心理委员更深入地理解精神障碍患者的内心，对于如何帮助别人带来很多思考和启发。

第八章

心理委员如何协助预防及干预心理危机

 本章导读

在"他助"这一道防线中，有心理危机的学生也需要专业人员的介入，以及学校、家庭、医疗机构等多方协同合作进行干预。世界卫生组织2014年发布的首份全球预防自杀报告显示，每年有80多万人死于自杀，约每40秒钟死去一人。因此，每年有数以百万计的人经历自杀带来的丧亲之痛或受此影响。值得注意的是，自杀已成15～29岁人员中的第二大死因，也成为潜伏于大学生间的无形杀手。（来源：中国青年报）

在本应意气风发的年纪选择结束自己的生命，让人疑惑，也让人痛惜。自杀，于大学生而言，或因一时鲁莽冲动，或是一次负能量蛰伏已久的致命爆发。对于心理委员来讲，自杀与危机干预的基本知识和技能是心理委员胜任力的核心部分。本章第一节内容首先帮助大家深入理解心理危机的本质和内涵，了解心理危机的特点、类型、发展历程、症状表现等，进而准确把握我们所做的危机干预工作的目标。第二节内容深入剖析了大学生自杀与心理危机的各种原因，重点梳理了识别自杀与心理危机的线索。基于以上的知识，第三节详细介绍了高校心理危机重点关注人群以及高校危机干预的一般流程和措施。最后的内容是为心理委员赋能，帮助大家成为更好的助人者，了解危机预防的工作机制，了解帮助危机个案的工作要点。

第一节　理解心理危机

一、重新认识"心理危机"

危机是一种认识，是当事人认为某一事件或境遇是个人的资源和应付机制所无法解决的困难。除非及时缓解，否则危机会导致情感、认知和行为方面的功能失调。

危机是危险与机遇并存！危是危险（死亡的威胁或危险）；机是机遇（生命的希望或机遇）。上帝给你一个礼物，都会以危机作为包装纸。

心理危机干预指对处在心理危机状态下的个人或群体采取明确有效措施，使之最终战胜危机，重新适应生活。引发心理危机的原因可以是灾难性事件，如自然灾害、疾病爆发、恐怖袭击、校园暴力等，也可以是个人内在冲突，如失学、失恋、失业等。

1．心理危机的特点

（1）一种关键的压力事件或长期的压力情境。

（2）个体的悲伤经历。

（3）存在损失、危险和羞辱。

（4）有一种无法控制的感觉。

（5）事件的发生是预料之外的。

（6）日常学习或工作遭到破坏。

（7）未来的不确定性。

（8）紧张持续时间过长（2～6个星期）。

2．心理危机的类型

（1）境遇性危机：特殊应激事件，如交通意外、疾病或亲人丧失等。

（2）发展性危机：正常成长和发展过程，如毕业、择业失败、升学失败、晋升失败、结婚生子等。

（3）存在性危机：指伴随着重要的人生问题出现的冲突和焦虑，

如对于人生意义的思考等。

3. 心理危机的发展及结果

心理危机的发展是一个过程，不会有人永远停留在危机状态中。一般过程主要分为以下四个阶段。

（1）冲击期：当事人处于惊讶的状态中，尚未来得及对危机事件产生反应。

（2）防御期：当事人开始运用心理防御机制进行自我保护，比如否认、痛哭、恐惧和退缩等。

（3）危机解决期：当事人可以面对和接受危机事件的影响，并重新调整生活重心和情绪状态，获得新的平衡能力。若当事人无法进入这个阶段，则可能发展为创伤后应激障碍患者或停留在心理防御期，遗留心理创伤并减低社会功能。

（4）危机结束期：心理危机的结果呈现，对当事人心理状态的影响不同。

4. 心理危机的症状表现

出现心理危机的当事人通常会出现以下四个方面的反应，这些反应可以被周围的亲友发现。

（1）生理方面：肠胃不适、腹泻、食欲下降、头痛、疲乏、失眠、做噩梦、容易惊吓、感觉呼吸困难或窒息、哽塞感、肌肉紧张等。

（2）情绪方面：常出现恐惧、怀疑、不信任、沮丧、忧郁、愤怒、绝望、无助、麻木、孤独、焦虑、烦躁、自责、过分敏感或警觉等。

（3）认知方面：常出现注意力不集中、缺乏自信、无价值感、无法做决定，健忘、效能降低、不能把思想从危机事件上转移等。

（4）行为方面：出现强迫性重复动作、社交退缩、逃避与疏离，不敢出门、害怕见人、暴饮暴食、容易自责或怪罪他人、不易信任他人、使用酒精或毒品，甚至出现行为紊乱或古怪、个人卫生状况下降、时常哭泣，言行透露出的主题包括脱离社会、自杀、临终告别等，出现自伤或自杀行为。

5. 三个致命性心理危机的风险因素

当出现以下三种情况时，心理危机当事人出现自杀自伤行为的可能性急剧升高，必须进行干预和紧急处理。

（1）存在危险的、可能导致严重心理危机的精神病性症状。

（2）不久前尝试过严重的自杀行为。

（3）在交谈中流露出自杀意图，表明自己已经拥有成熟的近期自杀计划。

二、心理危机干预工作的目标

（1）通过心理危机教育和宣传，加强大学生对危机的了解与认知，提高大学生承受挫折的能力和情绪鼓励能力，为应对危机做好准备。

（2）通过心理咨询等支持性干预，协助处于危机中的学生把握现状，重新认识危机事件，尽快恢复心理平衡，顺利度过危机，并学会正确应付危机的策略与方法。

（3）通过提供适时的介入和援助，避免或减少大学生中出现自伤或伤及他人事件的发生。当遭遇重大问题或变化发生使个体感到难以解决、难以把握时，平衡就会打破，正常的生活受到干扰，内心的紧张不断积蓄，继而出现无所适从甚至思维和行为的紊乱，进入一种失衡状态，如自伤自杀、他伤他杀等。

（4）通过构建大学生心理危机干预及自杀预防工作体系，做到心理困扰早期预防、早期发现、早期诊断、早期应对，避免或减少危机对学校正常工作的影响。

第二节 自杀与心理危机的原因及线索

一、大学生自杀与心理危机的原因

为什么心理危机和自杀会在大学生这个高学历、高智商、一般人所羡慕的社会优势人群里高发呢？

大学生的世界观、人生观、价值观都不成熟，很容易走上轻生的道路，给家庭和社会带来沉重的打击。因此，分析大学生自杀原因，寻求避免大学生自杀的方法，加强对大学生的生命教育，具有十分重要的意义。

1. 心理落差

很多人从小县城考到大城市上学，从前学习成绩优异，但是到了大学以后，发现比自己优秀的同学大有人在，一下子就从人人羡慕的天之骄子、学霸变成普通学生，心理落差非常大但又不得排解；大多数大学生在没步入大学校门之前一直在父母的照料下，而进入大学，需要独立生活，一些人感到身边真正关心呵护、支持自己的人很少。同时，有些学生发现大学与现实不是自己所想，环境、专业、人际关系等都与自己想象的有很大差距，因此心理出现扭曲，甚至产生轻生行为。

2. 经济压力与校园贷的诱惑

一些大学生虚荣心膨胀，认为家里给的钱不够，学校生活花费多，加上周围同学的攀比氛围，出现怕被嘲笑，失落的情绪，而当今社会对大学生的诱惑特别多，特别是校园贷款是大学的一大毒瘤，很多人深受其害。有人想买手机、电脑、奢侈品和衣物，就选择了校园贷款。校园贷款都是高利贷，越滚越大，到最后可能倾家荡产也还不起。很多大学生不告诉父母，以为做兼职就能还清校园贷，谁知越陷越深，到最后可能就陷入绝望与危机之中。

3. 亲情

虽然说大学生已经离开了家庭独立生活，但是还有很多人与原生家庭之间有很深的情感纠葛，比如父母的教育方式有很大的问题、父母控制欲望很强、双方意见不一致而导致冲突，或者与父母关系冷漠疏远等，都可能会引发大学生内心的痛苦与烦恼，发展到一定程度，可能会引发心理危机。

4. 爱情

在大学期间谈恋爱是一件很正常的事情，但是大学的爱情也可能成为心理危机的原因。有的人在爱情中发生了矛盾甚至爆发了激烈的冲突，有的人在分手后伤心过度，难过的情绪长期得不到纾解，且大学生的心智还不算成熟，对于责任的概念也模棱两可甚至因为不知道如何把握分寸，有的未婚同居甚至堕胎，最后陷入了麻烦和情绪低谷，这些都可能会引发心理危机。

很多人看待爱情比较片面，仅仅拿一个人的眼光来衡量自己的价值，用眼前的一段时光来估量未来的一生，认为不被眼前人所爱就没有价值，认为现在没人爱自己就表明自己不值得被爱。得不到所爱，又失去自己重要的东西，失落的他们找不到生活的目标，因此近年来很多大学生因为失恋选择轻生。

5．考研、出国

越来越多的大学生想通过考研、出国这些路来更好地包装自己、成就自己，但是备考时间长，考试难度大，考生往往承受着很大的压力，怀疑自己考不上、别人比我优秀，等等，这些小问题堆积在他们心里，很容易患上抑郁症。

6．毕业压力

"一毕业就失业"，是许多大学生的真实写照，更何况现在的就业压力大，而大学生对工作的期待又很高，找到理想工作的压力就更大了。这都是大学生要经历的社会洗礼。但是一些人会用眼前的挫折来定义自己的能力，悲观地预测自己的未来，尤其是当感受到自己的处境和别人之间产生巨大差距，与自己和家庭的期待产生巨大落差，心理压力积累到一定程度，就有可能会用极端的方式来逃避压力。

7．抑郁症

世界卫生组织拍摄的一部关于抑郁及如何与抑郁相处的心理短片——《我有一条黑狗，它名叫抑郁》，片中以第一人称"我"叙述故事的方式告诉大家：无论是谁，任何人都可能被这条"抑郁黑狗"侵袭。

短片开头这样说道：

"我有一条黑狗，它名叫抑郁。每当这黑狗出现，我就感到空虚，生活也慢了下来……黑狗让我变得像个老人一样，整个世界好像都在享受生活，我却只能与黑狗相伴。那些曾带给我快乐的事情，突然消失了……"

抑郁症是一种极为严重的心理疾病，已被确定为全球第四大疾病。

经世界卫生组织调查：世界上已经确诊了 5400 万名抑郁症患者，而每年都会有超过 100 万的抑郁症患者自杀（来源：21 世纪经济报道，2019 年 06 月 13 日）。

在中国，每年因抑郁症自杀的人数高达 20 多万（来源：腾讯网）。不幸的是，这一"病毒流感"正在大学生中蔓延，在全国各地的高校中，患有抑郁症或者因为抑郁症自杀的大学生也不在少数。

8. 缺乏生命的意义感

以前人们可能活一辈子也不会问为什么活着，但是现在的孩子很小就开始问"我为什么活着，问"活着的意义"。但当下社会处于多元价值观的混乱之中，甚至没有多少人会有意识地引导大学生思考人生价值，但青春期是渴望探索人生价值的，此时缺乏引导而产生的迷茫会让他们陷入悲观中，失去人生的价值感和意义感，缺乏活下去的清晰目标和动力，遇到挫折就很容易选择放弃生命。

如果我们想要摆脱心理危机，那么就需要提升自身的智慧，用坚强、更成熟、更长远的心态来看待自己，来看待我们所遇到的挫折和困难，同时更要用心寻找人生的价值，找到积极的目标，扎下根，才会迎接生命的风雨。

二、识别自杀与危机的线索

对于绝大多数经受巨大的心理痛苦而想自杀的人来说，自杀前常常会出现以下一些迹象：

1. 言语上的征兆

（1）直接说："我想死""我不想活了""有声音告诉我要去死""还不如死了利索"。

（2）间接说："我所有的问题马上就要结束了""要去很远的地方旅行""我的生活毫无意义""现在没有人可以帮助我""没有我，你们会过得更好""你们再也不必担心我了""我再也受不了了"。

（3）在不恰当的时候说再见。

（4）谈论与自杀有关的事或自杀方面的玩笑。

（5）谈论自杀计划，包括自杀方法、日期和地点。

（6）流露出极端无助或无望的心情，感到沮丧、无力、低自我价值感。

（7）谈论一些易获得的自杀工具。

2．行为上的征兆

（1）出现突然的、明显的行为改变（如突然与亲朋告别或出现很危险的行为）。

（2）抑郁的表现：饮食及睡眠习惯改变、社会孤立等。

（3）将自己珍贵的东西送人。

（4）立遗嘱。

（5）频繁出现意外事故。

（6）饮酒、吸烟或吸毒的量增加。

第三节　高校心理危机干预的工作机制

一、高校心理危机重点关注人群

存在心理危机倾向与处于心理危机状态的学生是我们关注与干预的对象。确定对象存在心理危机一般指对象存在具有重大影响的生活事件，情绪剧烈波动或认知、躯体或行为方面有较大改变，且用平常解决问题的方法暂时不能应对或无法应对眼前的危机。

对存在下列因素之一的学生，应作为心理危机干预的高危个体予以特别关注。

（1）在心理健康测评中筛查出来的有心理障碍或心理疾病或自杀倾向的学生。

（2）遭遇突然打击和受到意外刺激后出现心理或行为异常的学生。

①家庭发生重大变故（亲人伤亡；父母离异或分居；父母失业；家庭暴力等）后出现心理或行为异常的学生。

②身体发现严重疾病（传染性的疾病，如：肝炎、肺结核等；费用很高又难以治愈的疾病等）后出现心理或行为异常的学生。

③遭遇性危机（性伤害；性暴力；性侵犯；意外怀孕等）后出现

心理或行为异常的学生。

④感情受挫（失恋；单相思情绪失控等）后出现心理或行为异常的学生。

⑤受辱、受惊吓（当众受到羞辱；受到严重惊吓，如看恐怖片情绪失控等）后出现心理或行为异常的学生。

⑥与他人发生严重人际冲突（被多人排斥；受到歧视、误解等）后出现心理或行为异常的学生。

（3）学习压力特别大出现心理或行为异常的学生，如第一次出现不及格科目的优秀生、需要重修多门功课的学生、将被退学的学生、完成毕业论文（设计）有严重困难的学生、高分低录的学生等。

（4）性格内向、经济严重贫困且出现心理或行为异常的学生，如性格内向、不善交往且交不起学费的学生、需要经常向亲友借贷且缺乏社会支持系统的学生等。

（5）有严重心理疾病且出现心理或行为异常的学生，如患有抑郁症、恐怖症、强迫症、焦虑症、精神分裂症、情感性精神病等疾病的学生。

（6）出现严重适应不良导致心理或行为异常的新生。

（7）对近期发生下列警示信号的学生，应作为心理危机干预的重点对象及时进行危机评估与干预。

①谈论过自杀并考虑过自杀方法，包括在信件、日记、图画或乱涂乱画的只言片语中流露死亡的念头者。

②不明原因突然给同学、朋友或家人送礼物、请客、赔礼道歉、述说告别的话等行为明显改变者。

③情绪突然明显异常者，如特别烦躁，高度焦虑、恐惧，易感情冲动，或情绪异常低落，或情绪突然从低落变为平静，或饮食睡眠受到严重影响等。

二、高校自杀和危机干预的预警机制

为确保大学生心理危机干预及自杀预防工作快捷有序开展，各高校普遍建立了包括宿舍、班级、二级学院、学校层面四级预警系统。

1．**一级预警：宿舍**

设立宿舍联络员。宿舍联络员要具有真诚、热情的人格品质，善于沟通，乐于助人，真正关心舍友的生活和学习情况。如果发现舍友出现异常问题能及时汇报给心理委员或相关老师。

2．**二级预警：班级**

班级层面设立班级心理委员，并充分发挥班级学生干部、学生党团员的骨干作用，关心同学，广泛联系同学，通过多种方式，加强思想和感情上的联系与沟通，了解思想动态和心态，一旦发生异常情况，及时向辅导员、班主任报告。

3．**三级预警：二级学院**

各二级学院党政领导、教师要关爱学生，密切关注学生异常心理、行为，学生政工干部、辅导员要有针对性地与学生谈话，帮助学生解决心理困惑，对重要情况，要立即向有关领导、有关部门报告，并在专家指导下对学生进行及时干预。

4．**四级预警：学校**

（1）学校层面要认真开展大学生心理健康测评，建立大学生心理健康档案，筛查需要主动干预的对象并采取相应措施。

（2）学校心理健康教育与咨询中心要牢牢树立心理危机干预及自杀预防意识，以便在心理辅导或咨询过程中，发现处于危机状态需要立即干预的学生，采取相应的干预措施。

三、高校危机干预的一般措施

1．**对有严重心理障碍或心理疾病学生的干预措施**

（1）对于有严重心理障碍或心理疾病的学生，学校须请专业精神卫生机构或专家对学生的心理健康状况进行评估或会诊，并提供书面意见。

（2）如评估某学生可以在学校边学习边治疗，学校须密切注意该生情况，开展跟踪咨询，及时提供心理辅导，必要时进行专家会诊。

（3）如评估某生回家休养并配合药物治疗有利于其心理康复，学校须通知学生家长将其带回家休养治疗，家长到达前学院须派专人监护，确保其人身安全。

（4）如评估某生住院治疗有利于其心理康复，学校须及时通知该生家长将其送至专业精神卫生机构治疗。

2．对有自杀意念学生的干预措施

一旦发现或知晓某生有自杀意念，学校一般应采取以下措施：

（1）立即将该生转移到安全环境，并成立监护小组对该生实行24小时全程监护，确保该生人身安全，同时通知家长到校。

（2）由有关部门或专家对该生的心理状况进行评估或会诊，并提供书面意见。

（3）如评估该生住院治疗有利于其心理康复，学院应立即通知家长将该生送至专业精神卫生机构治疗。

（4）如评估该生回家休养治疗有利于其心理康复，学校应立即通知家长将该生带回家休养治疗。

3．对实施自杀行为学生的干预措施

（1）对刚实施自杀行为的学生，要立即送到最近的医疗机构实施紧急救治。

（2）及时保护、勘查、处理现场，防止事态扩散和对其他学生的不良刺激，并配合、协调有关部门对事件调查取证。

（3）对于自杀未遂的学生，经相关部门或专家评估，如住院治疗有利于其心理康复，通知家长将该生送至专业精神卫生机构治疗；如回家休养治疗有利于其心理康复，应立即通知家长将该生带回家休养治疗。

（4）正确应对新闻媒体，防止不恰当报道引发负面影响。

4．对有伤害他人意念或行为学生的干预措施

（1）对有伤害他人意念或行为的学生，由相关部门立即采取相应措施，保护双方当事人安全。

（2）组织相关部门或专家对该生精神状态进行心理评估或会诊并提供书面意见。学校根据评估意见进行后续处理。

5．愈后鉴定及跟踪干预制度

（1）学生因心理问题住院治疗或休学再申请复学时，应向学校提供相关治疗的病历证明，经心理健康教育与咨询中心、校医院等相关部门或专业精神卫生机构评估确已康复后可办理复学手续。

（2）学生因心理问题休学后再复学时，学校相关人员应对其定期进行心理访谈，了解其思想、学习、生活等方面的情况。

（3）对于有自杀未遂史的复学学生（有自杀未遂史的人属于自杀高危人群），学校应组织专家进行定期心理访谈及风险评估，密切监护，及时了解其学习、生活和思想状况，确保该生人身安全。

第四节　自杀与心理危机的预防和干预

一、如何成为一个好的助人者

当我们身边的人处于心理危机状态，甚至有自杀倾向的时候，我们一定要及时上报，寻求支持。帮助别人度过心理危机是一件非常有价值的事情，但同时它也很不容易，需要我们掌握一些科学的方法和要点，做好沟通。具体包括以下：

（1）事先应知道他们可能会拒绝你提供的帮助。有心理危机的人有时因难以承认他们无法处理自己的问题而加以否认。不要认为他们的拒绝是针对你本人。

（2）向他们表达你的关心。询问他们目前面临的困难以及困难给他们带来的影响，鼓励他们与你或其他值得信任的人谈心。

（3）多倾听，少说话。给他们一定的时间说出内心的感受和担忧。不要给出劝告，也不要感到有责任找出一些解决办法。

（4）要有耐心。不要因他们不能很容易与你交谈就轻言放弃。允许谈话中出现沉默，有时重要的信息会在沉默之后出现。

（5）询问他们是否有自杀的想法。不要害怕询问他们是否考虑过自杀，这样不会使他们自杀，反而会挽救他们的生命。

"你是否有过很痛苦的时候，以致令你有想结束自己生命的想法？"

"有时候一个人经历非常困难的事情时，他们会有结束生命的想法。你有那种感觉吗?"

"从你的谈话中我有一种疑惑，不知道你是否有自杀的想法。"

不要这样问:"你没有自杀的想法，是吧?"

（6）相信他们所说的话。任何自杀迹象均应认真对待，不论他们用什么方式流露。

（7）不要答应对他的自杀想法给予保密（非常重要）。

（8）如有自杀的风险，要尽量取得他人的帮助以便与你共同承担帮助他的责任（非常重要）。

（9）让他们相信别人是可以给予帮助的，并鼓励他们寻求他人的帮助和支持。如果你认为他们需要精神科专业人员的帮助，向他们提供转介信息。

（10）如果你认为他即刻自杀的危险很高，要立即采取措施（非常重要）。

（11）不要让他独处。

（12）去除自杀的危险物品，或将他转移至安全的地方。

（13）陪他去精神心理卫生机构寻求专业人员的帮助。

（14）如果自杀行为已经发生，立即将其送往就近的急诊室。

（15）给予希望，让他们知道面临的困境能够有所改变。

（16）在结束谈话时，要鼓励他们再次与你讨论相关的问题，并且要让他们知道你愿意继续帮助他们。

二、克服心理危机的自助指南

1．接纳生命的挫折

刚进入大学，大学生会有很多的困惑，尤其是在最初的一两年，会感觉到成长的环境远远不如自己期待的那么好:比如，我们希望遇到迷茫时有人给予我们手把手的指导、扶持;出现灵感时，有人为我们的新想法鼓励喝彩，鼓励我们去实现;当我们犯错误时，有人对我们宽容呵护，分担责任……

然而，与想象中的温暖相比，很多人感受到的却是另外一番景象，无人指引、被忽略、各种压力……这一切都会让大学生活显得有些艰难、痛苦。对于向来生活在顺境中很少受过委屈和挫折、在家庭中有求必应的年轻一代，更是如此。然而这些考验，意味着需要放弃幻想、依赖、娇气、自我中心……如同化蝶一般的蜕变过程，会让我们变成一个完全不同的自己。

《我有一条黑狗，它的名字叫抑郁》心理短片结尾的文字：

"与其逃避问题，不如拥抱它们。黑狗也许将永远是我生命的一部分，但它再不会是以前的那只野兽了，我们达成了理解。通过学习知识、耐心、克制和幽默，最凶狠的黑狗也可以被制伏……"

2．放弃完美主义

很多人不能接受自己生命的不完美，当遇到了自己的努力不能实现自己的期望，或者不如别人的时候，就会陷入悲观失望中，甚至会失去生命的信心。此时，就需要我们能够走出完美主义，接纳自己的存在。

完美主义是一种自我保护机制，它背后有一个渴望：我希望自己是一个有价值的人。同时，还有一份恐惧：我不够好，别人不认可我。于是，就形成了一些信念，如："我必须通过结果来证明自己的价值""我还没有做好足够的准备，所以我不能开始""如果没有好的结果，那么我所有的努力都是没有意义的"。

虽然这种模式在过去的一段时间里，它可以起到保护我们的作用，但到了一定阶段后，它就会变成限制，让我们裹足不前，甚至会让我们放弃生命。

那么，要克服完美主义需要跨越哪几道坎呢？一般来说，有三道坎需要去跨越。

（1）严苛的内在父母。

什么是严苛的内在父母呢？就是我们的内在总有一个声音在说这个不对，那个不好，应该怎么做才是对的。这声音像是小时候父亲或母亲的声音，而它总是很严苛的。很多人小的时候，父母对我们很严格，于是，我们就把他们对待我们的模式内化成了自己内在父母的模式。很多人因为这个原因，总是不接纳自己，或者不放过自己，最后搞得自己身心俱疲。

那该如何转化严苛的内在父母呢？就是：要用温暖有爱的成年人的声音去替代那个严苛的声音，去和内在那个受伤的小孩在一起。换句话说就是：做自己的好父母。可以闭目想象，我们内在有一个小孩，需要我们的爱，温柔地对待，经常肯定、鼓励他，看到他的好，经常抱抱他。

如果你有足够的觉知的话，是可以自己做的。如果自己做不了，可以请一个专业的咨询师来帮助你。

（2）外在否定的声音。

当我们准备去做一些事情，我们总会听到一些否定的声音。如："我并不看好你！""你现在去做那个事情还太嫩了""你也太理想化了吧！"

有很多的心理技巧可以帮助我们处理这些声音。其中一种方法是："守住初心"。当我们能够守住自己的初心时，外面的声音就不会对我们产生太大的影响。不会因为外在批评、否定的声音而情绪起伏，也不会为了得到别人的好评而迷失方向。

另外一点很重要的是：我们要学会转化批评和否定为支持的能力。比如有人表示并不看好你，那你可以问他："那你觉得我应该如何做才会更成功？"有人说你太嫩了，你可以问他："你觉得我哪些方面可以更成熟？"

当一个石头想要绊倒你的时候，你踩上去，它不仅不会绊倒你，反而会将你抬高。危机，是危险，也是机遇，正是如此。

（3）我不够好。

这内在"我不够好"的声音，可以说是人的通病。"我不够好"的声音有它的作用：如，让自己更加勤奋努力，避免骄傲自大等。但更多的时候，这种声音太多了，就变成了限制我们的信念了。

有一招是"改变自我内在对话"的技巧：

如：有人对我们所做的事情有了一些负面的评价，于是，我们内在那个"我不够好"的声音就自动冒出来了，这时，我们可以对自己说："虽然我还不够好，但我不断在进步。"这样一说，我们心里就感觉好多了。

接着，我们还可以对自己说："因为我不断在进步，所以我会越来越好。"这样就感觉更好些了。最后，我们可以对自己说："因为我会越来越好，所以我的目标一定会实现！"

这个小技巧的关键在于：为两个不同的信念提供一个阶梯（从"我不够好"到"我的目标一定会实现"）。先去承认"我还不够好"，而不是与它对抗。然后，从一个事实（"我不断在进步"）导向另外一个信念（"我会越来越好"），最后导向我们理想的信念上（"我的目标一定会实现"）。

3．开拓思路，追求更完整的人生

一位哲人说，我们的人生不必是完美的，但却必须是完整的。

真正的幸福，应该是各方面的综合得分。纵观当今社会，很多人学业卓越、事业有成、收入颇丰，但却心灵空虚、心情抑郁、家庭不幸、身体疲倦……

如果我们在遇到生活某些方面不完美、缺憾的时候，能够提醒自己拥有的其他方面的幸福，或者拓展自己生命其他的能力，那么，就能够拥有更宽广的胸怀和视角去看待生命的挫折了。

 哲理故事

日本畅销小说《佐贺的超级阿嬷》（后改编为同名电影），讲述了这样一个故事：

"二战"结束后，因为无力抚养，母亲将年仅8岁的昭广寄养到佐贺乡下的阿嬷（外婆）家，在物质匮乏的日子里，昭广度过了生命中最艰难又最珍贵的日子……

昭广学习成绩很差，但清洁工出身、没有文化的外婆是怎么指导他的呢？

昭广把成绩单拿给阿嬷，小声说："对不起，都是1分或2分。""不要紧，不要紧，成绩单上只要不是0就好了。1分2分的，加在一起，就有5分啦！""啊？成绩也可以加起来吗？"阿嬷断然回答："人生就是总和力！"昭广当时虽然听不懂阿嬷的那句话，但是后来的人生路上，他渐渐体会到了。

阿嬷虽然并不重视学习，却会在日常生活中随口教给昭广一些最重要的话：

"别人跌倒一笑置之，自己跌倒更要一笑置之。因为人都是可笑的。"

"这世上满是生了病还不想死的人，自杀未免太奢侈了。"

"不要只想着可能会失败，首先应该拼命努力。拼命努力的前方，就是成功。"

"无论遇到多大的困难，都要笑着活下去！"

"让人察觉不到的体贴才是真正的体贴、真正的关切。"

"游泳不是靠泳裤，靠的是实力！"

"不要光想今天、明天的事，要去想一百年、两百年以后的事。想到有了500个孙子、曾孙，那时候会快乐得不得了。"

"晚上不要谈难过的事，不管多难过的事，到了白天都变得没什么大不了。"

"人到死都要怀抱梦想！没实现也没关系，毕竟只是梦想嘛。"

昭广长大后，顺着阿嬷指引的方向来到大阪，从跑龙套做起，努力奋斗，直到名满天下，后来成为日本喜剧泰斗、著名作家岛田洋七。

分析：

有空的时候，你可以去看一下这部温馨的电影：《佐贺的超级阿嬷》。佐贺的超级阿嬷的教育方式，给我们很深的启发。我们今天的教育，只关注学习，却忘了心灵素质、品德修养、生活能力的提升。其实，吃苦耐劳的精神、善良体贴的心灵、坚韧的毅力、乐观知足的性格，远远比学习成绩对一生的幸福更加重要。

这就意味着：

（1）在重视学业、培养才能的同时，也重视品德的教育和为人处世道理的教育。如此，我们才会拥有一个完整的心灵，才会拥有幸福、美满、顺利的一生。

（2）不要只仰望明亮的月亮，羡慕别人的光明，我们认为自己只是一颗星星，但实际上每颗星星都是发光的恒星。每个人只和自己比较，而不应该和别人比较，只要自己尽力完善自己就好了。

（3）当遇到生命中的缺憾时，要想到自己的人生其实是面多棱镜。我们一方面暂时没有经营好，并不意味着人生的失败，我们珍惜现有的 1 分、2 分，加起来就有 5 分了。

4．寻找人生意义

 名人名言

"人生有什么意义"这一个问题，从本质上说，是从"现在时"出发对"将来时"的一种叩问，是对自身命运的一种叩问。世界上只有少数人，会关心自身的命运问题。"命运"一词，意味着将来怎样，它绝不是一个仅仅反映"现在时"的词。

——梁晓声

高中时代的我们，对大学充满了这样那样的向往和期待，甚至规划好了大学生活的一切，等到我们上了大学之后，可能会发现一切都不是自己想象中的那么美好。

一方面，大学里形形色色的考证消息扑面而来，大家都去拼着考证，证多不压身，这很大程度上是大学生们对自己大学生活所有的迷茫导致的对主流趋势的一种盲目信赖和趋从行为，以至于大多数的证都没有太大的作用。另一方面，就业、社会的压力无时无刻不在影响着大学生们，让他们大把抓文凭，然而就业率却越来越低。同时，很多用人单位不再以文凭为准，而以大学生的操作能力为招聘条件。在激烈的竞争中大学生们感到深深的迷茫和矛盾，是这背后潜伏深刻的危机。

大学生不喜欢过去的生活观，又没有自己的生活观，所以，他们陷入了深深的空虚之中。逃课、同居、网恋似乎样样和大学生有关。

那么，人生的意义到底该如何去探询？让我们看下东方人和西方人对此有哪些不同的看法。

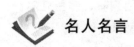 名人名言

"我们一定不能忘记，即使在看似毫无希望的境地，即使面对无法

改变的厄运，人们也能找到生命之意义。"

——维克多·弗兰克尔

《活出生命的意义》的作者维克多·弗兰克尔是医学博士，维也纳医科大学神经与精神病学教授，著名心理学家。他是"20世纪的一个奇迹"。为什么说是奇迹？纳粹时期，作为犹太人，他全家都被关进了奥斯维辛集中营，父母、怀孕的妻子、弟弟，全部死于毒气室，只有他和妹妹幸存。

弗兰克尔先后被关押在纳粹的四个集中营，他不但超越了炼狱般的痛苦，更将自己的经验与学术结合，开创了意义疗法，帮助对人生感到困惑的人找到生命的意义。

《活出生命的意义》曾经感动过千千万万的人。它曾被美国国会图书馆评选为"美国最有影响力的十大图书"之一。弗兰克尔不是当年集中营里被编号为119104的囚徒，而是让人的可能性得以扩大的圣者。

他用事实向读者传递一种观点——生命在任何条件下都有意义，即便是在最为恶劣的情形下。

他在书中写道，寻找生命意义有三种途径：

（1）工作（做有意义的事）；

（2）爱（关爱他人）；

（3）克服困难。

弗兰克尔在集中营之所以能够活下来，很重要的一点是他有活下去的强烈意愿。在集中营犯人的本职工作之外，他有工作目标。完成进集中营时被收缴的书稿的重写，这是他的"工作"。

支持他活下去的动力是"爱"。他知道妻子在另一个集中营，不知她的死活，但对妻子的爱和思念，重聚的渴望，令他有活下去的力量，他在濒死的绝境中领悟到"爱是人类终身追求的最高目标"。

集中营里想存活下来的艰难可想而知，随时都有可能被送进毒气室，被毒打、被饿死病死，当一切欢愉被剥夺，人无异于刍狗时，弗兰克尔仍能克服困难，在"毫无意义的苦难"中发现意义，更彰显其伟大。

作者的经历也充分证明——人的内在力量是可以改变其外在命运的。这也是人要有积极心态的最有力证据。那些消极的人，在集中营里躺倒丧失对未来的信心的人，往往就没有等到"解放"的那一天。

"面对生活中的一切，仍然对生活说'是'"，这真是一种了不起的信念。

作者写道，即便濒临绝境面临死亡和灾难，人类总是有能力：

①将人生的苦难转化为成就；

②从罪过中提炼改过自新的机会；

③从短暂的生命中获取负责任的行动的动力。

"意义治疗"的目标，在于协助自己和他人找到生命中的意义。每个人都有自己生命的意义，每个人的每个阶段生命意义也不尽相同，无论是残疾还是病痛，无论是年少还是年老。作者还写了一个忠告：尽情享受你现在的生活，就像是在活第二次，不要像你的第一次生命那样，错误地行事与生活。

那么，中国人又是怎样探索人生意义的呢？

胡适说："古人说：人生有三不朽，即立德，立功，立言。立德就是最伟大的人格，像耶稣、孔子等。立功就是对社会有贡献。立言包括思想和文学，最伟大的思想和文学都是不朽的。

"你若情愿把这六尺之躯葬送在白昼做梦之上，那就是你这一生的意义；你若发愤振作起来，决心去寻求、去创造自己生命的意义，那么，你活一日便有一日的意义，做一事便添一事的意义，生命无穷，生命的意义也无穷了。"

如王安石所说："学者之事必先为己为我，其为己有余，则天下事可以为人，不可不为人。"他是说，一个人在最初的时候应该为自己，在为自己有余的时候，就该为别人，而且不可不为别人。

第五节　拓展训练

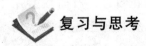复习与思考

1. 大学生走向自杀的常见原因有哪些？

2．识别和评估自杀个案有哪些线索？

3．如何成为一个好的助人者？

4．高校危机干预的一般措施有哪些？

 **拓展练习**

找个机会走出教室，找到一处远离城市的浮华、物质、喧嚣之所在，静静地感受季节的变换、大自然之美，感受自己在大自然中的渺小然而独特之感，感受自己的价值，感受自己是属于大自然的一分子并受到大自然的眷顾与呵护。记下你的所见、所思、所感，并与你信任的人分享。

 推荐图书和电影

1．《生命的重建》

这本书是由露易丝·海所著，她是美国最负盛名的心理治疗专家，杰出的心灵导师，著名作家和演讲家。她是全球"整体健康"观念的倡导者和"自助运动"的缔造者。"一本帮助我们找到自尊和自爱、重新构筑自己生活的伟大著作。"

——伯尼·S·西格尔，知学博士，《关爱·治疗·奇迹》作者

2．《心灵点滴》

《心灵点滴》是一部根据真人真事改编的电影，讲的是主人公Patch Adams 怀着帮助病人的满腔热忱，从医学院学习期间就开始实践他的情绪治疗法，并开设免费诊所为穷困的人们服务的故事。虽然他天资聪颖，在医学院的成绩非常优异，但是他却非常反对传统医界那种高高在上、不近人情的思想。他相信欢笑就是最好的处方，他为了把病痛缠身的病人逗笑，于是成天穿色彩鲜艳的花衬衫，有时候会用塑胶医疗用品装成小丑的红鼻子，或是扮成大猩猩，甚至还有一次为了替一位病人实现梦想，他还在游泳池放满面条，让这名病人如愿在面汤里游泳。主人公拒绝将精神病患标签化，而是努力走进他们的内

心世界，用创意而温暖的方式给病人带来力量，可以为助人工作者带来许多启发。

 活动

一、活动目的

面对人生中无法完全避免的心理危机，最有智慧的应对方式是增加和扩大自己内心的资源、力量和幸福感。本活动帮助大家思考如何在日常生活中培养幸福感和对自己的接纳和欣赏，当危机来临的时候，这些内心的力量会成为重要的保护因子。

二、活动时间

大约 20 分钟。

三、活动道具

16 开纸（最好是各种颜色都有的彩色纸），每人 6 张。

四、操作步骤

1. 在纸上写出以下不完整的句子，如"如果我的生活增加 5% 的幸福感，我可以（　　　　　　）"。

2. 不完整的句子可以根据需要和主题进行变换，如"如果我深呼吸，用心地去体会幸福的感觉，我发现（　　　　　　）"；"如果我更多地担负起满足自己内心需要的责任，我可以怎样做（　　　　　　）"；"让我快乐的事情是（　　　　　　）"；等等。

3. 请尽快写出 6 个或更多不同的结尾。

4. 与你周围的人交流分享答案。

五、注意事项

认真参与，积极互动，感受与内心的联结。

参考文献

[1] 吕燕青. 大学生朋辈心理咨询手册 [M]. 广州：中山大学出版社, 2008.

[2] 王书荃. 学校心理健康教育概论 [M]. 北京：华夏出版社, 2005.

[3] 穆林. 花开向阳 [M]. 广州：华南理工大学出版社, 2016.

[4] 杨艳波, 杨佳. 积极心理学视角下大学生自我心理调适的策略与实践研究 [J]. 当代教育实践与教学研究, 2019 (18)：240 - 242.

[5] 李娜. 谈谈大学生积极心理资本的开发与培养策略 [J]. 现代交际, 2019 (21)：158 - 159.

[6] 陈昱文, 吴东梅, 赵钰蔚, 等. 大学生对心理咨询的认知态度调查 [J]. 医学与社会, 2010 (2)：83 - 85.

[7] 陈佳薇. 基于朋辈宿舍心理委员的大学生心理健康教育 [J]. 思想教育研究, 2013 (6)：90 - 93.

[8] 乐芬芳. 高校心理委员培训研究：胜任力的视角 [J]. 科技信息 (科学教研), 2008 (5)：187 - 215.

[9] 李海州, 杨盈, 丁芳盛. 高校班级心理委员胜任特征实证研究 [J]. 浙江海洋学院学报 (人文科学版), 2011, 28 (4)：51 - 56.

[10] 姚小燕. 基于胜任力视角下的班级心理委员队伍建设 [J]. 中国电力教育, 2011 (16)：170 - 171.

[11] 闫娟丽, 周生江. 大学生心理委员人格特质与胜任的相关分析 [J]. 护理研究, 2013, 27 (8)：2467 - 2469.

[12] 魏虹. 大学生心理委员"专业化"培养的新模式 [J]. 高校辅导员学刊, 2018 (3)：47 - 49.

[13] 丁闽江. 高校心理委员的能力结构、现状及提升策略 [J]. 贵州师范学院学报, 2019 (7)：74 - 79.

[14] 张璐璐. 新时期高校心理委员队伍专业化建设路径的探讨 [J]. 科教文汇 (中旬刊), 2020 (1)：145 - 146.

[15] 张志强, 杨晶. 巧笔描绘生活, 用心感悟人生：心理漫画在心理健康教育中的应用 [J]. 河北教育 (德育版), 2015 (01), 28 - 29.

[16] 李耀卿. 公益广告对大众心理健康意识的影响 [J]. 科教导刊 (电子版), 2013 (10)：157 - 158.

[17] 许素萍. 大学生朋辈心理辅导：交往·互助·成长 [M]. 北京：科学出版社, 2018.

[18] 王丹平. 给心灵正能量 [M]. 广州：华南理工大学出版社, 2012.

[19] 樊富珉, 何瑾. 团体心理辅导 [M]. 上海：华东师范大学出版社, 2010.

[20] 张永红. 团体心理辅导［M］. 重庆：西南师范大学出版社，2014.

[21] 林孟平. 小组辅导与心理治疗［M］. 上海：上海教育出版社，2015.

[22] 亚隆. 团体心理治疗：理论与实践（第5版）［M］. 北京：中国轻工业出版社，2010.

[23] 迪露西亚瓦克. 团体咨询与团体治疗指南［M］. 北京：机械工业出版社，2014.

[24] 丁小芳，陈炜，许欢. 来访者对心理咨询的不良认知及其影响［J］. 科技风，2020（9）.

[25] 王剑华，廖剑英，汤珺，等. 我国近30年引进的心理咨询与治疗理论分析［J］. 保健医学研究与实践，2011（4）：89－91.

[26] 陈力. 医学心理学与精神病学［M］. 北京：人民卫生出版社，2001.

[27] 石向实. 心理咨询的原理与方法［M］. 杭州：浙江大学出版社，2010.

[28] 邱鸿钟，杜文东. 医学心理学［M］. 北京：中国中医药出版社，2010.

[29] B. E. Gilliland, R. K. James. 危机干预策略［M］. 肖水源，等，译. 北京：中国轻工业出版社，2000.

[30] R. C. Carson, J. N. Butcher. 变态心理学［M］. 游恒山，译. 台北：五南图书出版股份有限公司，2001.

[31] 郭念峰. 临床心理学［M］. 北京：科学出版社，1995.

[32] 郭念峰. 心理咨询师（上下册）［M］. 北京：民族出版社，2002.

[33] 梁宝勇. 变态心理学［M］. 北京：高等教育出版社，2002.

[34] 张伯源，陈仲庚. 变态心理学［M］. 北京：北京科学技术出版社，1986.

[35] 中华医学会精神科分会. 中国精神障碍分类与诊断标准（第三版）［M］. 济南：山东科学技术出版社，2002.

[36] 姜乾金，黄丽，卢抗生. 心理应激：应对的分类与心身健康［J］. 中国心理卫生杂志，1993，7（4）：145－147.

[37] 梁宝勇. 心理应激与应激的一体化概念［J］. 医学与哲学，1986（8）：53－54.

[38] 汪向东，等. 心理卫生评定量表手册［J］. 中国心理卫生杂志社，1999（增刊）：194－196，127－127.

[39] 叶一舵. 我国大陆学校心理健康教育二十年［J］. 福建师范大学学报：哲学社会科学版，2008（6）：148－155.

[40] Margarita Tartakovsky, M. S.（美）. 瓶子，译. 如何真正地支持在心理疾病中挣扎的朋友. 壹心理，2019.

[41] 深度恍惚. 我们没有自己想象的那么坚强［EB/OL］. 壹心理，2017.

[42] 湘玮. 关于心理障碍的认知误区［EB/OL］. 简书，2017.